HISTERIA

Copyright © Denise Maurano Mello, 2010

Capa e Projeto gráfico de miolo
Gabinete de Artes/Axel Sande

Diagramação
Abreu's System

CIP-BRASIL. CATALOGAÇÃO-NA-FONTE
SINDICATO NACIONAL DOS EDITORES DE LIVROS, RJ

M412h   Maurano, Denise
7ª ed.   Histeria: o princípio de tudo / Denise Maurano; [organizadora da coleção Nina Saroldi] - 7ª ed. - Rio de Janeiro: Civilização Brasileira, 2024.
   -(Para ler Freud)

   Inclui bibliografia
   ISBN 978-85-200-0854-6

   1. Freud, Sigmund, 1856-1939. 2. Histeria. 3. Psicanálise. I. Título. II. Série.

10-5126.   CDD: 616.8524
                                                                CDU: 616.891.2

Todos os direitos reservados. Proibida a reprodução, armazenamento ou transmissão de partes deste livro, através de quaisquer meios, sem prévia autorização por escrito.

Texto revisado segundo o Acordo Ortográfico da Língua Portuguesa de 1990.

Direitos desta edição adquiridos pela
EDITORA CIVILIZAÇÃO BRASILEIRA
Um selo da
EDITORA JOSÉ OLYMPIO LTDA.
Rua Argentina, 171 - 20921-380 - Rio de Janeiro, RJ - Tel.: 2585-2000

Seja um leitor preferencial Record.
Cadastre-se e receba informações sobre nossos lançamentos e nossas promoções.

Atendimento e venda direta ao leitor:
sac@record.com.br

Impresso no Brasil
2024

PARA LER FREUD
Organização de Nina Saroldi

HISTERIA
O princípio de tudo

Por Denise Maurano

7ª edição

FREUD

CIVILIZAÇÃO BRASILEIRA

Rio de Janeiro | 2024

Para Luiz, Luana e Tiago
e tantos outros laços de amor, inclusive os analíticos

SUMÁRIO

Apresentação da coleção 7

Prefácio 10

Introduzindo a histeria, ontem, hoje e sempre 16

Nos bastidores, Freud entre a academia e o teatro 27

Luzes barrocas sobre a cena histérica 39

A histeria em foco: primeiros estudos psicanalíticos 50

A estrutura defensiva histérica 69

O enigma do feminino na histeria de Dora 83

As pulsões, o conflito e a insatisfação histérica 100

Para concluir deixando desejar 117

Bibliografia 130

Cronologia de Sigmund Freud 135

APRESENTAÇÃO DA COLEÇÃO

Em 1939, morria em Londres Sigmund Freud. Hoje, passadas tantas décadas, cabe perguntar por que ler Freud e, mais ainda, qual a importância de lançar uma coleção cujo objetivo é despertar a curiosidade a respeito de sua obra.

Será que vale a pena ler Freud porque ele criou um campo novo do saber, um ramo da psicologia situado entre a filosofia e a medicina, batizado de psicanálise?

Será que o lemos porque ele criou, ou reinventou, conceitos como os de inconsciente e recalque, que ultrapassaram as fronteiras do campo psicanalítico e invadiram nosso imaginário, ao que tudo indica, definitivamente?

Será que devemos ler o mestre de Viena porque, apesar de todos os recursos farmacológicos e de toda a ampla oferta de terapias no mercado atual, ainda há muitos que acreditam na existência da alma (ou de algo semelhante), e procuram o divã para tratar de suas dores?

Será que vale ler Freud porque, como dizem os que compartilham sua língua-mãe, ele é um dos grandes estilistas da língua alemã, razão pela qual recebeu, inclusive, o prêmio Goethe?

Será que seus casos clínicos ainda são lidos por curiosidade "histórico-mundana", para conhecer as "bizarrices" da burguesia austríaca do final do século XIX e do início do XX?

Será que, em tempos narcisistas, competitivos e exibicionistas como os nossos, é reconfortante ler um investigador que não tem medo de confessar seus fracassos, e que elabora suas teorias de modo sempre aberto à crítica?

Será que Freud é lido porque é raro encontrar quem escreva como se conversasse com o leitor, fazendo dele, na verdade, um interlocutor?

É verdade que, tanto tempo depois da morte de Freud, muita coisa mudou. Novas configurações familiares e culturais e o progresso da tecnociência, por exemplo, questionam suas teorias e põem em xeque, sob alguns aspectos, sua relevância.

Todavia, chama a atenção o fato de, a despeito de todos os anestésicos — químicos ou não — que nos protegem do contato com nossas mazelas físicas e psíquicas, ainda haver gente que se disponha a deitar-se num divã e simplesmente falar, falar, repetir e elaborar, extraindo "a seco" um sentido de seu desejo para além das fórmulas prontas e dos consolos que o mundo consumista oferece — a partir de 1,99.

Cada um dos volumes desta coleção se dedica a apresentar um dos textos de Freud, selecionado segundo o critério de importância no âmbito da obra e, ao mesmo tempo, de seu interesse para a discussão de temas contemporâneos na psicanálise e fora dela. Exceção à regra são os três volumes temáticos — histeria, neurose obsessiva e complexo de Édipo —, que abordam, cada um, um espectro de textos que seriam empobrecidos se comentados em separado. No volume sobre a histeria, por exemplo, vários casos clínicos e artigos são abordados, procurando refazer o percurso do tema na obra de Freud.

A cada autor foi solicitado que apresentasse de maneira didática o texto que lhe coube, contextualizando-o na obra, e que, num segundo momento, enveredasse pelas questões que ele suscita em nossos dias. Não necessariamente psicanalistas, todos têm grande envolvimento com a obra de Freud, para além das orientações institucionais ou políticas que dominam os meios psicanalíticos. Alguns já são bem conhecidos do leitor que se interessa por psicanálise; outros são professores de filosofia ou de áreas afins, que fazem uso da obra de Freud em seus respectivos campos do saber. Pediu-se, na contramão dos tempos narcisistas, que valorizassem Freud por si mesmo e encorajassem a leitura de sua obra, por meio da arte de escrever para os não iniciados.

A editora Civilização Brasileira e eu pensamos em tudo isso ao planejarmos a coleção, mas a resposta à pergunta "por que ler Freud?" é, na verdade, bem mais simples: porque é muito bom ler Freud.

NINA SAROLDI
Coordenadora da coleção

PREFÁCIO

Histéricas do mundo todo, uni-vos em torno de vossa importância para a psicanálise! O presente volume da coleção Para ler Freud se volta, sobretudo, às mulheres que no século XIX impressionaram a sociedade europeia ao exibir seus sofrimentos, rompendo com séculos de resignação e discrição em relação ao que se passava em sua alma. A propósito, a histeria de outrora e a de hoje, seja em mulheres, seja em homens, não combina com discrição, e sim com tentativas mais ou menos bem-sucedidas de chamar a atenção para si por meio de seus sintomas.

Na época em que Josef Breuer e Sigmund Freud tratavam histéricas, os sintomas eram realmente espetaculares. Eles iam desde a paralisia e a cegueira até a simulação de um parto, como aconteceu a Anna O. Em nossos dias, embora ainda ocorram desmaios como os que acometiam as histéricas exibidas por Jean-Martin Charcot a seus alunos em Paris, é possível encontrá-las em versões esquálidas, vendo-se gordas no espelho, vítimas de anorexia, por exemplo. E se o mundo contemporâneo embaralhou sintomas outrora associados ao "feminino" e ao "masculino", não é raro hoje em dia encontrar homens fixados na falta, apontando-a o tempo todo em seus objetos de amor, fazendo-se desejar e seguindo todavia sempre insatisfeitos. No tempo de Freud, os homens se arranjavam melhor com sintomas obsessivos e fixações em lobos e ratos.*

A histeria ocupa lugar central na fundação da psicanálise; foi o mistério dos sintomas sem base orgânica, e que provocavam simultaneamente dor e prazer, que levou Freud a se aventurar mais intensamente na investigação dos caminhos da alma. Ao abandonar, por sugestão de suas próprias pacientes, todo o método sugestivo e a consagrada hipnose, Freud criou o método da associação livre usado até hoje. No mesmo ato, liberou a histeria de toda a pecha ancestral de bruxaria e, sobretudo, da pecha de fingimento e "mau caratismo". Ele percebeu que, por meio da teatralidade presente no comportamento da histérica, havia uma maneira própria de revelar a verdade.

Denise Maurano mostra que para Freud a histeria apareceu não como uma patologia entre outras, mas sim como um modo específico de subjetivação, um modo particular de lidar com o desejo e com a falta inerente à nossa condição de seres finitos, humanos demais.

No intuito de contextualizar o encontro de Freud com "suas" histéricas, a autora traça um breve painel da cultura vienense no final do século XIX. O período, de acordo com Carl E. Schorske, sua fonte principal, dividia-se entre duas correntes dominantes: o barroco e as luzes. De um lado, o teatro, os sentimentos, a sensualidade; de outro, a universidade, a razão e a pesquisa da verdade.

---

* Se o leitor ficou intrigado com esta frase, sugiro a leitura do volume sobre neurose obsessiva que será publicado em breve nesta coleção.

A despeito da estima devotada à razão e à lei, Viena possuía uma cultura fortemente teatral, ela era a expressão cultural eleita por todos, de todas as classes, como, aliás, se pode verificar na obra de Arthur Schnitzler, especialmente em *Crônica de uma vida de mulher*, romance que retrata as mudanças do estatuto social das mulheres no final do século XIX. A classe média vienense é envolvida pela voluptuosidade das imagens barrocas, difundidas pelo catolicismo, e nesse movimento é despertada para as questões do psiquismo. Esse interesse pelo sentimento, por si só, gera fissuras de amoralidade no seio de um moralismo de fundo. Para compor esse painel, Denise Maurano retoma a figura da Imperatriz Sissi, esposa do Imperador Francisco José I, como uma espécie de paradigma da histeria em sua época. Ativa na política e no campo social, Sissi era escrava da balança e do espelho, além de padecer de transtornos alimentares. Com a ressalva de que uma hipótese diagnóstica só pode ser feita, rigorosamente, diante da experiência de uma análise, a autora avança na ideia de que a Imperatriz Sissi teria dado maior visibilidade à histeria por meio de seu próprio comportamento.

Denise Maurano — seguindo as pistas fornecidas por Jacques Lacan em seu seminário 20, intitulado *Mais ainda* — se vale do barroco "como uma alavanca metodológica" para a transmissão da psicanálise. Essa opção se sustenta não somente pelo fato de a influência desse estilo ser operante na invenção da psicanálise, como marca de um importante aspecto da cultura de Viena, mas também pelo seu modo de "conjugar opostos e operar torções". Aproximando especificamente o barroco da histeria, a autora chama a atenção para o modo como, nas esculturas barrocas em geral e nos indefectíveis anjinhos, há uma mistura singular de exibição do corpo e sugestão de êxtase místico, imagens de sacrifício compensadas, de alguma forma, por um prazer, por um gozo refletido nos detalhes da representação do corpo.

Segundo a autora, quando Freud percebe a impotência da medicina para lidar com a histeria, ele se dá conta, também, de que há um saber sobre o sintoma que a própria histérica possui, embora nem ela mesma esteja ciente, ou melhor, consciente disso. O papel do analista passa a ser, doravante, deixar que a lógica do inconsciente apareça na fala da histérica. O que essa fala acaba por revelar é sempre algum problema de economia amoroso-sexual, um conflito entre desejo e conveniência, seja esta psíquica ou social.

De acordo com Freud, o desejo se sustenta na tensão da falta que nos constitui. Se tentamos fugir disso, caímos na morte ou na inércia psíquica. Brincamos de esconde-esconde com a mítica satisfação plena; é por esse motivo que realizar um desejo pode ser tão difícil quanto suportar sua frustração. A insatisfação, por isso, está permanentemente presente em nossas vidas, mas no caso específico da histérica essa dimensão é amplificada. No corpo da histérica é possível encontrar os vestígios do desejo insatisfeito; e seu sintoma é sempre um recado endereçado a outrem.

No caso da Srta. Elisabeth von R., um dos casos apresentados por Freud e Breuer nos *Estudos sobre a histeria*, são inconciliáveis o afeto que ela sente pela irmã e o desejo de que morra para que o cunhado possa ficar livre e desimpedido. Seu sintoma principal, a dor nas pernas que a impede de caminhar, é fruto da condensação de diversas lembranças dolorosas ligadas à morte do pai e afetos eróticos que, intensificados psiquicamente, acabam por se converter em dor somática. O mais difícil na tentativa de desfazer um sintoma neurótico é que, por estranho que possa parecer, ele também traz alguma satisfação — algo que Freud identificava como uma espécie de ganho secundário da doença — porque se mantém como alusão ao desejo inaceitável que o causou.

Denise Maurano observa que Freud considerava o inconsciente inesgotável, de modo que o que se pode esperar de um tratamento analítico é que ele acabe com os efeitos deletérios da ideia inconsciente. Mesmo identificada pela consciência durante o processo "arqueológico" de uma análise, a ideia jamais deixa de estar no lugar de onde saiu, o inconsciente. Quando Freud consegue trazer à tona o novelo de associações que causavam as dores nas pernas de Elisabeth, isso não significa que a paciente tenha tido plena consciência de sua vida psíquica, mas sim que os nexos que causavam a conversão histérica foram desmontados. Por isso ela pôde, depois de um tempo, restabelecer-se, liberar a excitação de sua ligação com as pernas e, real e metaforicamente, voltar a caminhar.

A autora examina a partir de Freud e de Lacan, autor com quem dialoga constantemente, a questão da estrutura defensiva histérica; e dedica todo um capítulo à história clínica de Dora, publicada por Freud em 1905. No final do livro, Denise Maurano, em plena coerência com o conteúdo da obra, resolve "concluir deixando desejar", e reafirma a importância do modo como Freud se dedicou às histéricas, sem considerar seus sintomas como um tumor a ser extirpado.

Se a psicanálise acolhe o sujeito e suas manifestações subjetivas e se a histeria é, ela própria, uma manifestação subjetiva, "curá-la" no sentido médico do termo seria uma espécie de assassinato do próprio sujeito. Ao fazer essas afirmações, a autora observa que as histéricas chamam a atenção para o que há de tragicômico na condição humana.

E, completamos: só por isso já merecem nossa atenção e respeito.

Nina Saroldi

INTRODUZINDO A HISTERIA, ONTEM, HOJE E SEMPRE

A psicanálise caiu na boca do povo. Referida pela mídia de diversos modos, dos mais pertinentes aos mais equivocados, alvo de sérias investigações científicas e de gozações escancaradas, segue a vocação histriônica de sua mãe: a histeria.

Freud, o neurólogo, tocado pelas pressões amorosas, financeiras e sociais da vida, já que se encantara com Marta, queria casar-se e não tinha dinheiro, é convocado a sair das pesquisas laboratoriais na universidade, que não lhe propiciavam meio de vida, para assumir suas funções médicas, atender pacientes, trabalhar em hospitais. Lá chegando, interessa-se pela histeria, e será buscando responder ao enigma da origem e do funcionamento desses sujeitos que inventa um novo saber, ou um novo método de relação com o saber: a psicanálise. Daí dizermos que a histeria é a mãe da psicanálise, seu lugar de origem.

A histeria acaba por revelar-se para ele não como uma patologia qualquer, mas como um modo de subjetivação. Ou seja, um modo de estar no mundo, de fazer laços e de operar com o desejo, funcionando como uma curiosa defesa frente à falta inerente à condição humana, uma vez que viver é estar sempre em busca de algo.

Essa sua abordagem da histeria é completamente inovadora dentro do quadro geral em que a histeria se circunscreve há milênios, e cabe remarcá-la com vigor no momento atual, no qual a tendência organicista da psiquiatria chegou ao desplante de erradicá-la de suas últimas classificações, eliminando com isso, infelizmente, também o que quer que diga respeito à subjetividade. Nesse contexto, o que restou foi apenas a observação de pseudotranstornos corporais, para os quais se propõem tratamentos medicamentosos e comportamentais.

A atual Classificação Internacional de Doenças, CID-10 (1992), e a DSM IV (1994), classificação americana das doenças mentais — influenciadas pelos laboratórios farmacêuticos e, portanto, submetidas às pressões econômicas e ao que lhes gira em torno —, nos lugares em que antes mencionavam a histeria referem-se agora a uma infinidade de transtornos, retirando-a de cena e suprimindo também o termo neurose. Falam apenas de transtornos dissociativos e somatoformes.

Porém, isso não impede a histeria de continuar existindo, de forma tão evidente quanto sempre foi, acrescentando às roupagens antigas outras novas, que envolvem até a caracterização acentuada de "novos velhos sintomas", como anorexia, bulimia, obesidade, pânico, depressão, mania, aparecendo nas mais variadas versões nas quais operam modos subjetivos de lidar com a falta. Esta vem então se configurar como falta de objeto, que pode se caracterizar como algo ou alguém, num período marcado pela dinâmica consumista que sustenta o capitalismo que, por contrapartida, gira em torno do apelo ao objeto. Objeto esse que tem até, na imagem corporal, uma referência privilegiada, abrindo assim um campo fecundo para manifestações histéricas, em que o corpo está sempre em evidência, hiperinvestido como via de salvação frente à inconsistência da experiência humana.

Com o não reconhecimento da histeria como expressão clínica, retrocedeu-se a uma era pré-freudiana. Desse modo, ficou reduzido a pó todo o trabalho de despatologização da histeria, no qual se verifica que o sujeito histérico encontra-se, em certa medida, em todos nós, como uma maneira especial de desejarmos e de nos dirigirmos ao outro. Ou melhor, resumiu-se esse trabalho a drágeas ou a condicionamentos comportamentais que prometem o impossível de curar a ferida de sermos humanos e, portanto, dependentes, carentes, sugestionáveis e, por tudo isso, também maravilhosamente criativos e surpreendentes, sobretudo se pudermos acolher nossas dependências e carências.

É com a "substância" da falta que tornamos operante o vazio, o não senso da existência, e fazemos dele alguma coisa — inventamos. Fazemos o não ser vir a ser. Na pior das hipóteses, fazemos o não ser vir a ser um sintoma. Mas, ainda assim, estamos construindo, edificando. É verdade, às vezes, com um custo por demais alto, mas que só pode ser minimizado por outra edificação, jamais pela supressão do sujeito em nome de uma normalização que nega a diferença pura que singulariza cada um de nós. A psicanálise opera na contracorrente dessa pretensão absurda de objetivar o subjetivo.

Empreender uma trajetória para sabermos fazer algo melhor com nosso sintoma é o que o tratamento psicanalítico possibilita. Tomando aqui sintoma não como sinal de uma doença, mas como sinal de um sujeito que clama por expressar-se e por satisfazer-se, ainda que das maneiras mais transversas, Freud se vale de uma singular orientação ética, norteada por um novo modo de conceber o sujeito e seus atos e de intervir sobre ele. O que encontrará afinidade não com o que foi produzido até então pelo saber médico, mas com certas dimensões da arte, das quais certamente participa o teatro trágico e a expressão barroca, como tentaremos demonstrar mais adiante. Isso porque sua abordagem da condição humana não se dirige a um plano ideal, de como as coisas deveriam ser, mas encontra-se referida ao real e aos recursos que precisam ser agilizados para que o sujeito possa amortecer o impacto de "cair na real".

Tanto o teatro trágico quanto a expressão barroca são orientados por uma ética que toma mais em consideração o real do que o ideal. *Édipo Rei, Antígona, Hamlet, Romeu e Julieta* e tantas outras tragédias colocam em cena aspectos da crueza do existir humano, sublinhando o conflito, os excessos, as reviravoltas da vida. E o barroco impõe torções, dinamismos e instabilidades à retidão da forma clássica de figurar o mundo. É também no questionamento do que se apresenta como ideal que a histeria ganha expressão e promove feitos no mundo.

O tema da histeria vem de longa data, presente desde a Antiguidade, antes de fazer germinar a psicanálise. Manifestações posteriormente designadas como histéricas foram, num primeiro momento, atribuídas ao útero, *hystera*. Trata-se da histeria como referida a problemas da matriz, o útero. Que o útero seja abordado como matriz, isso já não é pouco. Curiosamente, podemos perceber que desde essa época, por diversas vias distintas, sua vacuidade é vista como elemento causal na manifestação de sintomas como ansiedade, angústia, tonteira, vômito, desmaios, enxaquecas, perda da fala, paralisias, analgesias e uma série de outros. Seja a vacuidade atribuída à falta de sêmen devido à ausência de relação sexual (Hipócrates, 460-377 a.C.; Galeno, 131-201 d.C. e outros) ou à falta de filhos (Platão 428-347 a.C.; Soranos de Éfeso, 98-139 d.C. e outros) ou referida como a razão de uma leveza danosa que provocava o deslocamento do útero do lugar que ele deveria ter, parece haver nas teorias que tentavam explicar as causas dos transtornos histéricos uma flagrante menção a certa *insustentável leveza de ser*.

Esse útero matriz, que não é senão matriz da vida, e em seu silêncio participa do segredo dessa última, evoca com seu vazio cavernoso tanto a potência da criação — afinal, não foi na fecundidade úmida das cavernas que o homem começou a pintar? — quanto o contato com o estranho, o horrível, o demoníaco, o mutismo do real, que se torna eloquente nas configurações histéricas. Tais configurações encontram na Idade Média, a partir do século III, um destino funesto. Passam a ser consideradas como consequência da intervenção divina ou da possessão demoníaca. Revelando tanto a afinidade entre a histeria e o feminino quanto a proximidade entre o divino e o demoníaco. Via por onde as questões da criação também encontram o seu osso.

O desdobramento de tais aproximações culminará com a caça às bruxas na Inquisição. *O martelo das feiticeiras* de 1487 será o manual oficial para identificação dessas, que teriam feito um pacto com o demônio, possuídas que estavam por esse. Mandá-las para a fogueira foi o "tratamento" que a Igreja lhes impôs, valendo-se do poder purificador do fogo, a fim de regenerar suas almas. Muito tempo mais tarde, no século XIX, Charcot, neurólogo francês mundialmente conhecido, endossará tais supostas possessões como fenômenos histéricos.

Entre a Renascença, período da Inquisição, e o século XIX, até a invenção da psicanálise, surgem diversas teorias que de certo modo lançam sobre a histeria não mais a maldição do período anterior, mas uma nuvem de suspeição. Parece que o enigma que a histeria presentifica faz com que ela atraia todo tipo de desconfiança. Fala-se de vapores emanados ao cérebro decorrente de fermentos sexuais retidos pela falta de atividade sexual (Lange, 1689) e até de espíritos animais transmitidos ao cérebro via o sangue, após terem fermentado no coração (Thomas Willis, 1621-1675). Outras teorias focalizam insistentemente o corpo como afetado pela imaginação, pela intensidade da paixão (Paul Briquet, 1796-1881) e ainda pelo tédio, pelo engano (Thomas Sydenham, 1624-1689) e pelo devaneio (Jules Falret, 1824-1902).

Numa época pautada pelas luzes da razão, pela crença nas certezas da racionalidade, a "loucura" histérica, plena de vigor raciocinante, dotada de uma vivacidade atestada pela estimulação do corpo e da alma, só podia confundir os olhares médicos. Esses foram se encaminhando, facilmente, de maneira preconceituosa para a acusação de que na histeria se tratava de simulação, má-fé e pitiatismo, num imenso prazer de enganar. Isso ficou evidente nas perspectivas de Wilhelm Griesinger (1817-1868), que a via como doença detestável, Hyppolite Bernheim (1837-1919), que a considerava um artifício, e Joseph Babinski (1857-1933), que chegou mesmo a sugerir a substituição da designação de histeria por "pitiatismo".

Ainda que com Phillipe Pinel (1745-1826), por meio do movimento de desacorrentamento dos loucos, ela tenha ganhado o estatuto de neurose e lhe tenha sido recomendada a dignidade de um tratamento, possibilitando-a migrar da loucura demoníaca para uma concepção de aspirações científicas, o tratamento que lhe foi indicado nesse contexto foi norteado pelo exercício da austeridade e da vigilância moral. Método obviamente afeito a uma fé cega no poder do discernimento da consciência.

Em meio a esse panorama, na aurora da contemporaneidade, surge Jean-Martin Charcot (1825-1893) trazendo um diferencial decisivo para a respeitabilidade da histeria como uma entidade clínica com leis próprias. Sem desconsiderar nem as antigas teorias sobre a influência uterina na etiologia da histeria nem a dimensão de artifício que se encontra presente em sua ideia de que ela seria decorrente de autossugestão, confere-lhe o estatuto de uma doença digna de estudo. E, em vez de dedicar-se a pesquisar suas causas, ocupou-se em descrever e documentar suas manifestações e de tratá-la pela sugestão.

Pierre Janet (1850-1947) também veio a estudar com Charcot. Para ele, tal como para Alfred Binet, seu contemporâneo, a histeria se deve a uma dissociação da consciência. Ou seja, propõe que, devido a uma fraqueza psíquica, concorrem dois estados de consciência em que um desconhece o outro, dando margem a toda uma série de ideias patogênicas que vêm à luz com a hipnose. Trata-se de fenômenos relativos à consciência e ao que designava como subconsciente.

O serviço de Charcot, no hospital parisiense La Salpetrière, funcionou em sua época como referência para quem quer que se interessasse pela questão. Foi nesse contexto que Freud, sensibilizado pelo que a clínica lhe evidenciava diante da contradição entre a realidade da dor do sujeito e a irrealidade material de sua causalidade, cavou a oportunidade de ir estagiar em Paris.

Essa profusão de teorias que levam em conta a sugestão favorece tanto a causalidade psíquica da histeria quanto a ênfase na importância do outro para o histérico em sua intensa necessidade de expressão afetiva. Isso parece estar bem ao gosto da contemporaneidade, em que na história do pensamento vemos tanto a relativização da fé na razão que encantou a Idade Moderna quanto certa importante focalização das intensidades, o que culminará no aparecimento de teorias econômicas que privilegiarão tanto a abordagem do capital financeiro, com Karl Marx, por exemplo, quanto do capital afetivo, libidinal, com Sigmund Freud.

Lacan, psicanalista francês que se dedicou a reler a obra freudiana, em seu seminário *A ética da psicanálise*, dirá que o desejo de pensamento da Idade Moderna transformou-se na contemporaneidade em pensamento de desejo, para marcar essa mudança de orientação entre um e outro período.[1]

---

[1] Assunto que desenvolvemos mais amiúde em nosso livro *A face oculta do amor: a tragédia à luz da psicanálise*. Rio de Janeiro: Imago/UFJF, 2001.

Assim, nada mais justo que a histeria, acompanhando o espírito de sua época, funcione como um paradigma da condição de seu tempo, no qual influências contemporâneas, como o relativismo, a queda da razão, a ênfase no amor e na sexualidade, o hiperinvestimento no corpo como objeto, ganham a cena e abrem o desfile das manifestações histéricas, nas suas mais variadas versões. Esse conjunto de fatores, quando acolhidos pela astúcia de Freud, serão conjugados para a abertura de um novo campo de saber e de uma nova prática: a psicanálise.

Histeria: o início de tudo pode ser tomado como um manifesto em prol da histeria, por meio do qual não se trata de fornecer ao leitor mais uma das muitas introduções disponíveis no mercado. Mas sim oferecer certas contextualizações, certas chaves interpretativas, certos dados, *para ler Freud,* que podem vir a esclarecer ou a melhor situar os fundamentos, a ética, a orientação metodológica que nortearam o pai da psicanálise na construção de sua obra. Visamos com isso a contribuir para melhor situar a abordagem da histeria na proposta freudiana.

Dessa forma, começaremos por colocar Freud nos bastidores do que dividia sua orientação. Por um lado a academia e por outro o teatro, em função do meio cultural do qual adveio, a Viena do fim do século XIX, onde a histeria ganhou a cena, atraindo olhares de médicos e pesquisadores, inclusive com a presença paradigmática da Imperatriz Sissi, que comandava com o Imperador Francisco José I o Império Austro-Húngaro, do qual Viena era a capital.

Em seguida, lançaremos luzes barrocas sobre a cena histérica. Ou seja, tomando o barroco não como estilo de um tempo, mas como um modo de orientação da sensibilidade na complexa apreensão do mundo e da condição humana, o utilizaremos como alavanca metodológica. Estratégia para melhor apreendermos tanto o conceito de inconsciente que se endereça à "outra cena" presente no psiquismo quanto a dinâmica da histeria, dada sua tônica na exibição do corpo e na evocação de gozo, tão afeita a esse modo de expressão dito barroco.

Passaremos então aos primeiros estudos sobre a histeria feitos por Freud. Trabalho que nos encanta pelo fato de que, embora sendo de um período considerado pré-psicanalítico, já que nem contava ainda com o conceito de inconsciente, constitui-se até hoje um pilar fundamental para a edificação da psicanálise. O caso da Srta. Bertha Pappenheim — que ficou conhecida como Ana O. e que, exigindo ser escutada, inventou a expressão "cura pela fala", para designar o que fazia com seu médico — e o da Srta. Ilona Weiss — conhecida como Srta. Elisabeth, que revelou a Freud a participação das expressões linguísticas na construção dos sintomas, dando-lhe, portanto, peso simbólico — merecerão especial focalização.

Vamos então abordar a dinâmica da defesa histérica tomando como ponto de partida a ideia de que a própria constituição da subjetividade está referida a um modo de defesa prioritário que funciona como um eixo na organização do sujeito. Veremos o que há de comum entre a histeria e outras neuroses e sua diferença das psicoses. A vocação para a conversão da excitação psíquica em sintoma corporal será caracterizada como recurso defensivo prioritário na histeria. Nessa perspectiva, o órgão é desviado da função que lhe é destinada para servir à fantasia e aos impasses da expressão sexual.

Tais impasses serão bem caracterizados por meio do famoso caso Dora, publicado por Freud em 1905, no qual o corpo é surpreendentemente usado para exibir a história erógena do sujeito e sobretudo seus impasses com a feminilidade. Uma das revelações mais contundentes da histeria é o quanto é tortuoso o caminho para a feminilidade. Para dar conta do feminino, o psiquismo não dispõe de um elemento imaginário que tenha a prevalência do pênis, tal como ocorre na representação do masculino. Restam-lhe arranjos simbólicos, que vão exigir operações bem mais complexas. A histeria afigura-se como uma das saídas possíveis diante do enigma que o feminino constitui, daí sua afinidade com a máscara, com o teatro, com a ficção.

A dimensão traumática do sexual e a noção de conflito que justifica o recalcamento encontrarão seu fundamento no desenvolvimento da teoria das pulsões. Como o instinto não dá conta de elucidar a complexidade da sexualidade humana, Freud lança mão de um outro conceito — a pulsão, que faz jus à natureza simbólica da atividade sexual humana. Afinal, a linguagem é o nosso meio de acesso ao outro, não copulamos simplesmente, mas "fazemos amor" com palavras ao pé da orelha. Tudo isso faz com que sexual em psicanálise ganhe um sentido bem mais amplo, referindo-se não apenas ao que diz respeito ao coito sexual propriamente dito. O que obviamente traz implicações para a concepção de desejo em sua relação complexa com a questão de sua realização. Se a pulsão cobra satisfação a todo custo, o desejo determina os meios por caminhos bastante sinuosos. Os meandros pelos quais o desejo encontra seu modo próprio de se realizar, ainda que seja ao preço de eterna insatisfação, configura a lida privilegiada da histérica na relação com seu desejo; por isso, um capítulo será destinado à abordagem do conflito no campo das pulsões e suas consequências para a relação do sujeito com o desejo.

Faremos todo esse trajeto para concluirmos deixando desejar. Ou seja, mais importante do que quer que seja que possamos ensinar acerca da histeria, nos cabe melhor aprender com ela. Aprender ontem, hoje e sempre, ao modo de Freud. E, por falar nele, vejamos como tudo começou.

Nos bastidores, Freud entre a academia e o teatro

Quem nunca ouviu falar de Sigmund Freud? Dotado de uma curiosidade sagaz, esse vienense ambicionava desde criança tornar-se um herói na cultura, quando sonhava com um busto seu na ala da universidade com a inscrição de um verso de *Édipo Rei*: "Aquele que resolveu o enigma da esfinge e que era um homem inegavelmente poderoso." Isso quem nos conta é Ernest Jones, seu biógrafo. De fato, o enigma que o capturou e acabou por levá-lo à aspirada condição de herói foi o relativo ao funcionamento do psiquismo.

Embora sempre admirado por professores e amigos, seus poderosos dotes pessoais só se consolidaram na meia-idade. O atendimento do caso de Elisabeth von R., que funciona como uma primeira indicação clara de que ele atingiria seu intento, é de 1892, quando Freud já contava 36 anos.

No momento de sua escolha profissional, chegou a hesitar entre advocacia ou medicina. O cunho social da advocacia e sua proximidade com a especulação filosófica o atraíram; porém, seduzido pelo racionalismo do século XIX, que deslocou para a ciência o poder de resolução dos males do mundo, acreditou encontrar na medicina um caminho fértil de investigação. Nesse sentido, embrenha-se pela histologia, pela neurologia, mas será no limite da medicina — ou seja, onde essa área do saber não consegue, apesar dos esforços, responder ao sintoma que faz sofrer o sujeito, sintoma histérico por excelência, sem razão orgânica verificável — que frutificará a pesquisa de Freud.

Ao longo de sua obra, Freud dá margem a inúmeras avaliações acerca tanto de sua pessoa quanto de seu trabalho. O que significa dizer que sua construção, por mais rigorosa que seja, não é linear, até porque o que ele se dedica a estudar não goza de linearidade. Está sempre interessado no que há de obscuro, enigmático, e sua escrita acompanha o processo de investigação. Isso acontece quando ele se dedica ao invento da psicanálise, mas se dá mesmo antes, ainda no tempo das pesquisas com a neurologia.

Daí a dificuldade de enquadrá-lo em classificações, que se por um lado podem justificar-se a partir do próprio testemunho de certos posicionamentos dele, por outro não levam em conta a complexidade de sua obra. Essa se encontra prenhe de torções e paradoxos, revelando um dinamismo de pensamento e uma flexibilidade para acatar novas evidências que exigem que qualquer assertiva que se pretenda não leviana deva tomar em consideração o conjunto e a contextualização de sua obra.

Quanto à contextualização, há que se levar em conta que o pai da psicanálise, nascido em 1856, viveu a turbulência do fim do século XIX em Viena, onde havia duas tradições culturais dominantes: o barroco e as Luzes, que ganham sua expressão máxima em duas instituições caras a essa cultura, o teatro e a universidade. Schorske, um estudioso da Viena do fim do século XIX, menciona a presença da tradição barroca da graça divina, nascida da Contrarreforma, que exerce sua vitalidade não abertamente pela via da religião, mas de maneira subliminar enquanto arte, exaltando os sentimentos e a beleza que nutriram a sensualidade e o esteticismo do fim do século. E menciona ainda a tradição da palavra, própria às Luzes, apologista da razão, voltada para a pesquisa da ética e da verdade. Trata-se de uma cultura marcada pelo conflito entre a arte e a verdade.

Nos anos 1880, o movimento *Die Jungen* (os jovens), ao qual Freud veio a se integrar, começou a fazer sucesso na cultura vienense, sendo considerado como o pioneiro do modernismo. Ocupa-se, em princípio, da reordenação da sociedade por meio de ações que atingem a política, a literatura e as artes visuais, orientando-se cada vez mais na direção das preocupações psicológicas. Aliás, o interesse pelo psicológico será a marca própria do modernismo vienense. Freud, Mahler e Loos contribuirão enormemente, cada um à sua maneira, para o encaminhamento dessa cultura do moderno.

Freud se situará no conflito tradicional que coloca em oposição o racionalismo judeu, saído do que se convencionou chamar de período das Luzes da razão, que de todo modo ele adotou, e a cultura sensualista não judaica, marcada pelo catolicismo, que ele acha, malgrado todas as suas resistências e críticas, profundamente atraente.

A grande hipótese das Luzes é que a estrutura racional é inerente a todas as coisas, a despeito do caos aparente. Trata-se da ideia de um mundo ordenado por princípios de regulação e de razão.

Mas a despeito da ênfase colocada no valor da razão e da lei, os comerciantes austríacos instruídos permanecem, com efeito, sob a influência de uma tradição austríaca anterior às Luzes, aquela da Contrarreforma Católica. Pode-se dizer que nessa época Viena tinha uma cultura teatral. O teatro funcionou como a expressão cultural eleita por vienenses de todas as classes sociais como a via para darem um sentido ao seu universo. Esse gosto pelo teatro é evidente no trabalho de Freud.

No coração de uma época liberal que rejeita a religiosidade político-autoritária do catolicismo, perpetua-se a difusão de certa sensualidade que esse mesmo catolicismo irradia via suas voluptuosas imagens barrocas. Como em nenhum outro lugar da Europa, na Áustria a classe média, à qual Freud pertencia, toma a cultura estética como expressão de um refinamento pessoal e de um *status* social. Nessa sociedade em mutação, o culto ao belo sensibiliza essa classe para as questões do psiquismo, promovendo uma cultura do sentimento e impregnando seu moralismo com certa amoralidade.

A estética funcionou, de certo modo, como um refúgio face à realidade social pouco atraente, decorrente do descontentamento crescente devido ao insucesso da revolução constitucional de 1848, que acabou por revelar uma

Áustria liberal impotente frente ao que se havia sonhado para ela. Nisso tudo, a cultura estética foi preservada da tradição racionalista e veio a manifestar-se enquanto fonte de novos valores.

Nesse período foi criado o Império Austro-Húngaro, resultado de um compromisso firmado em 1867 entre as nobrezas austríaca e húngara. Império esse que foi dissolvido em 1918, depois da derrota na Primeira Guerra Mundial. Com o Imperador Francisco José I, a Imperatriz Elisabeth II, que veio a ser conhecida como Sissi, comandava esse império, vindo a ter grande expressão e popularidade, sacudindo com seus comportamentos pouco convencionais a dinastia dos Habsburgo. Com sua beleza e rebeldia, tornou-se o símbolo dessa época de grandes transformações. Ela mesma foi responsável por uma série de reformas na monarquia, o que a aproximou do povo. Era uma mulher liberada, quase um século antes do feminismo; era também uma exímia amazona, poetisa, poliglota, além de viajante inveterada. Tinha grande poder de sedução; usou seu charme para conquistar celebridades e interveio de maneira decisiva na política e no campo social. Frequentava orfanatos, asilos e hospitais, em plena epidemia de cólera. Iniciou programa de alfabetização dos súditos. Instalou salas de banho nos palácios para criar hábitos de higiene. Entre outras medidas menciona-se ainda a promoção de reformas em hospitais. Talvez até pelo medo de vir a parar em algum deles.

Isso porque Sissi foi também conhecida como uma mulher infeliz no casamento, deprimida, anoréxica, tão neuroticamente tomada pela preocupação com a forma que se pesava diversas vezes ao dia e se submetia a dietas rigorosíssimas, vindo a ter problemas de desnutrição. Siderada pela elegância e pelas roupas, passava horas diante do espelho, dedicada a pentear seus longos cabelos e atormentada pelo medo do envelhecimento. Conta-se que colecionava imagens de mulheres bonitas com as quais se comparava. Veio a morrer, quase que por acaso, assassinada por um anarquista italiano revoltado, em 1898, em Genebra, numa de suas viagens à Suíça. Sua figura foi imortalizada no cinema pela atriz Romy Schneider.

Embora em termos rigorosamente psicanalíticos uma hipótese diagnóstica só possa ser levantada diante da experiência de uma análise, o que não foi o caso, pode-se dizer, ainda que de um modo um tanto leviano, que, por suas características gerais, e pela maneira como desafiava o protocolo da corte, Sissi deu à histeria uma visibilidade a mais. Certamente não deve ter deixado de sensibilizar o jovem Freud, bem como a todos os estudiosos dessa área em sua época. De certa forma, a imperatriz colocou a histeria no topo da moda, além de ter-lhe resgatado certa condição de respeitabilidade.

Em meio às grandes transformações que se operavam nesse período, outras figuras importantes foram Wagner e Nietzsche. Por terem exaltado o teatro e a ideia de instinto contra a razão burguesa, tornaram-se ícones no movimento de crítica do Estado racional moderno e do espírito científico, vindo a funcionar como modelos de inspiração para aqueles que queriam regenerar a sociedade alemã, transformando-se em heróis para os estudantes de Viena.

Mas quando o *Die Jungen* volta-se para o antissemitismo militante, perde seu poder de sedução sobre os jovens intelectuais. Contudo, a tendência estética de valorização do sentimento e do que há de dionisíaco — por referência a Dioniso, o deus do vinho e da embriaguez —, perspectiva sublinhada por esse movimento, continuou a afirmar-se, vindo a fazer o mesmo papel inspirador que a graça divina teve na cultura barroca.

O crescimento do antissemitismo provocou uma cisão entre os *Jungen* e os jovens judeus, dentre os quais Freud. Do movimento, o que carregaram foi o apreço pelo moderno. Mas, à diferença dos outros jovens que nesse movimento se revoltam contra os valores paternos, instituindo o moderno como a negação do passado e da história, Freud engaja-se numa dimensão do moderno que não nega o passado, muito pelo contrário, faz um retorno à história, articulando com a história geral o que nela há de pessoal.

É bem verdade que o conceito de moderno não é evidente. Essa palavra tem diversas acepções que também se refletem sobre termos como modernidade e modernismo. Para Baudelaire, por exemplo, a modernidade traz para cena a valorização do que é transitório, contingente, efêmero. Ela é a "metade da arte", cuja outra metade é o eterno, o imutável, bem expresso pela fixidez estática das imagens na arte clássica. Esse olhar mostra uma nova relação com a beleza na modernidade, valorizadora do que está em movimento, diferentemente de um olhar clássico que julga como belo apenas o que é imutável, deixando entrever com isso certa negação da morte. Esse autor considera que a inauguração do moderno encontra-se no acolhimento feito à beleza do que é animado, do que se move e, portanto, diríamos nós, do que perece. O que se move, o que vive, corre o risco de morrer. Pode-se então ver certo acolhimento da morte nessa maneira de julgar o belo e, por consequência, a arte e sua função na vida. Essa concepção de moderno parece bem aproximar-se daquela que norteou Freud em sua construção, revelando a forma particular pela qual a psicanálise inscreve-se na modernidade.

Herdeiro da Europa do século XIX, ele aceita a prioridade das culturas — grega e romana, hebraica e egípcia — ancestrais da sua. Mas é também atraído por duas civilizações contemporâneas: a Inglaterra protestante e a França católica. A Inglaterra representa a ordem, a racionalidade liberal capaz de fazer face à injustiça social, uma cultura que conduz à independência e ao controle de si; enquanto que Paris representa seu oposto — o perigo, o irracional, a cidade do *Isso*, as tendências pulsionais que escapam à consciência, a cidade-mulher que ao mesmo tempo o excita e o aterroriza. Retorna-se com isso às duas tradições que lutavam para dominar a Áustria: a referente à cultura racional das Luzes e a relativa à cultura católica sensual da Graça.

Quando ganhou uma bolsa para estudar no Hospital Salpetrière, em Paris, ampliou-se nele a influência do ensinamento do médico francês Jean Martin Charcot, figura central da história da histeria e influência decisiva para que verificasse o componente sexual da etiologia da histeria — achado que sublinhado por Freud ganhou dimensões até então inexploradas.

Foi assim que em seu retorno de Paris, tocado pelo enigma das manifestações histéricas, Freud se lança sobre a via da pesquisa do inconsciente e da sexualidade. A dimensão masculina, racionalista e positiva da cultura francesa praticamente não participa de seu campo de visão. Entretanto, como Schorske assinala, será em seguida, no momento de encontro com Roma, que o pai da psicanálise fará convergir nas suas concepções o mundo londrino pautado pelo *Ego* com aquele de Paris, regido pelo *Isso*.

Quando visita Roma pela primeira vez, Freud percebe que ética e estética podem convergir de modo estupefante. Tal convergência, entretanto, não implica para ele produção de síntese, mas um modo de conjugar valores heterogêneos, sem que um anule o outro, trabalhando com a ideia de paradoxo. Ou seja, convivência do que está em oposição sem que para a afirmação de um dos polos o outro tenha de ser negado ou desmerecido. Estamos aqui bastante distantes de um pensamento dialético, marcado pela relação entre uma tese e sua antítese, convergindo para a produção de uma síntese. A "psicoanálise", efetivamente, encontra-se a léguas de distância de uma "psicossíntese". Trabalha-se nela com o conflito, a divisão e seus possíveis destinos.

Se por um lado Roma é masculina, e Freud, enquanto liberal e judeu, sonhava conquistá-la, por outro ela é também feminina — Santa Mãe da Igreja, inspiradora de amor, que até o reportava, como nos conta sua biografia, a uma amada babá católica. Essa dimensão bissexual de Roma pode ser figurada na representação romana de Atenas. Porque Atenas é uma deusa andrógina. De um lado, fria, ascética, arrazoada, e de outro, dotada de beleza feminina e de um poder religioso irracional. Depois de ter "conquistado" Roma, seus paradoxos conduziram Freud em direção à descoberta dos estratos mais profundos de sua história, a saber, a terra de Israel e o Egito.

Sua preocupação por sua judeidade o conduziu ao Egito, mas esse lugar, depois de 1900, havia nutrido em Freud ideias que contradiziam a fé de seus pais. Figurava como a terra das mães e das idades primitivas. Seu estudo "Fantasias histéricas e sua relação com a bissexualidade" (1908) é testemunho dessas novas preocupações. Depois da Renascença, o Egito havia sido visto como uma terra misteriosa que permitia o acesso às origens da cultura. A partir de 1906, Freud havia sido pego por essa febre egípcia que tinha invadido a Europa.

Seu artigo de 1910 "O sentido antitético das palavras primitivas" é o resultado desses estudos egípcios. Uma palavra única exprime ao mesmo tempo uma ideia e seu contrário, é expressão de um paradoxo. Parece então que a análise linguística da linguagem primitiva corrobora a concepção freudiana dos sonhos, já que nos sonhos é isso que se passa. É como se as palavras primitivas apresentassem a característica da união dos contrários, presente nas primeiras divindades bissexuais do Egito.

Entretanto, em *Moisés e a religião monoteísta*, escrito nos anos 1930, Freud veio a diferir de sua primeira ideia sobre o Egito enquanto terra da religião bissexual e das mães primitivas, que o tinha cativado antes da Primeira Guerra Mundial. Moisés estabeleceu para ele o caráter mais fundamental da cultura judaica: a *Geistigkeit*, uma mistura de espiritualidade e de intelectualidade, que teria se oposto à *Sinnlichkeit*, que diz respeito ao universo dos sentidos.

A questão do dualismo na obra de Freud é vital, em razão do dinamismo que não parou de estruturar o pensamento da psicanálise e o estudo da cultura feito por Freud. Entretanto, isso deixa um campo aberto para diversas possibilidades de abordagens, frequentemente contraditórias, que fazem da psicanálise um campo fecundo para todo tipo de compreensão, das mais justas às mais equivocadas. Podem-se encontrar na obra de Freud argumentos para sustentar opiniões as mais opostas ao conjunto da obra, radicalmente afastadas do rigor da ética psicanalítica, o que coloca um grande problema para a transmissão e para a difusão da psicanálise.

Buscando colaborar com Freud na sustentação do rigor que se impõe diante da perigosa via da expansão que o destino impôs à psicanálise, encontramos o trabalho do psicanalista francês Jacques Lacan. Ocupado em fazer um retorno a Freud, para que a transmissão da psicanálise não se perdesse na difusão que essa veio a ter no mundo, propõe que a única formação que podemos pretender transmitir aos interessados pela psicanálise é a que se coloca na via de um estilo. Freud encontrou sua via de perceber por onde a verdade mais escondida se manifesta nas revoluções da cultura, e é essa via que precisa ser transmitida a outros e que Lacan a nomeia como um estilo. É como se o estilo funcionasse como a expressão de uma estrutura pautada pela verdade do desejo, uma marca que evidencia o de que se trata.

Se aproximarmos a ideia de um estilo que serviria à transmissão da psicanálise daquilo que se convencionou chamar de barroco no campo das artes, poderemos perceber o quanto esse pode nos servir como uma alavanca metodológica para a transmissão. Daí lhe fazermos menção neste trabalho, que visa a ampliar nossos recursos para lermos Freud em sua relação com a histeria. O barroco, pelo visto, não apenas esteve presente na invenção da psicanálise como uma das marcas prevalentes da cultura vienense, mas empresta à psicanálise seu modo particular de conjugar opostos e de operar torções.

Segundo a perspectiva barroca, o dualismo não é apreendido pela via da contradição — ou é isso ou é aquilo —, mas no sentido do paradoxo — é isso e aquilo, ao mesmo tempo. É o rigor do dinamismo do paradoxo que opera, seja na estrutura do pensamento psicanalítico fiel às leis do inconsciente, seja na própria clínica. Esse tipo de expressão na arte, que toma o caráter de um modo de orientação do psiquismo, não nega o apelo à ordem e ao equilíbrio visado por todos nós, mas sustenta essa perspectiva em uma suspensão inerente à vida, que em seu dinamismo não deixa espaço para uma palavra definitiva. Tal como é expresso nas obras barrocas, nos encontramos todos situados em uma obra aberta que é nossa própria vida. Oscilamos entre a profundeza e a superfície, o claro e o escuro, o profano e o sagrado, a graça e a palavra. E o que é mais interessante é que no barroco a graça não exclui a palavra, ou seja, tomar em conta a expressão teatral, sensual, ficcional não implica abolir o valor da racionalidade e a busca da verdade, mas sim conjugar a heterogeneidade desses valores que operam lado a lado no complexo funcionamento do psiquismo. O modo pelo qual a psicanálise põe em ação a fala em associação livre, como um dispositivo de investigação e ao mesmo tempo um método de tratamento, fazendo confluir teoria e clínica, bem demonstra seu modo particular de operar.

Assim, mesmo que Freud tenha sido em diversos momentos fisgado por seu aspecto de homem das Luzes, mesmo que tenha se fascinado pelas obras clássicas e as tenha colecionado, a atmosfera cultural vienense em que cresceu e a honestidade da relação que construiu na investigação de si mesmo lhe permitiram ultrapassar uma visão linear. O inventor da psicanálise transmutou esse contexto do contraditório, em que os opostos se excluem, em uma dimensão na qual, ultrapassando a ciência, veio a tocar o campo da arte. Podemos dizer que se encontra orientado em sua obra pela amplitude do sentido do paradoxo. Opera de modo a não fugir da divisão que inaugura o humano, assumindo-a como inerente a essa condição para investigar as diferentes manifestações defensivas que tal divisão pode provocar nos diversos sujeitos.

Luzes barrocas sobre a cena histérica

Foi por esse complexo caminho, marcado por influências tão decisivas, que Freud chegou à histeria. Não para julgá-la em sua teatralidade como uma farsa, tal como fazia a quase totalidade dos médicos da época, mas para acolhê-la, em seu modo particular de manifestar sua verdade. A frase pela qual Lacan designa o barroco, dizendo que tudo nele é exibição do corpo evocando gozo, bem nos serve para apresentar a histeria. Realmente, tudo nela é exibição do corpo evocando gozo. E um gozo que tem a mesma natureza do que participa das obras barrocas, ou seja, expressão de uma satisfação na qual prazer e dor confluem, fazendo do corpo palco para os mais tenazes embates e as mais intensas elevações. Mostrando bem que, malgrado o ônus, os ganhos secundários dessas manifestações histéricas se acumulam e se amplificam.

Quando avistamos, muito facilmente, nas igrejas barrocas uma profusão de anjinhos desnudos, com os olhos revirados para cima, contornando imagens cujos corpos se exibem num sacrifício consentido, como cabe a inúmeros santos, podemos perceber facilmente a presença de um júbilo. Tal júbilo paradoxalmente parece usar o corpo para celebrar a evaporação da carne, rumo a um êxtase que se encontra muito além do princípio do prazer, voltado para o infinito. Nesse endereçamento, as curvas, as espirais, o rebuscamento e a riqueza de detalhes marcam a sua presença não apenas nas obras barrocas, mas nas manifestações histéricas, tanto em sua sintomatologia quanto na lógica que opera na sustentação de tal sintomatologia.

Esse tom sacrificial de entrega ao Outro — que vale ser escrito com O maiúsculo, como propôs Lacan, para designar um lugar de referência para o sujeito — parece focalizar o fundamento da constituição subjetiva, para lembrar que a inconsistência disso que somos como sujeito advém do fato de nossa própria mensagem a recebermos do Outro. Afinal, não inventamos a língua, mas sim a apreendemos de fora e com ela tecemos o que somos. Essa alteridade é, portanto, o que vigora no centro de nós mesmos. E ninguém melhor do que as histéricas para colocar isso em evidência, seja fazendo-se outra, teatralizando, expondo o caráter de montagem no qual se sustenta o "si mesmo", seja saindo de cena, desfalecendo, numa manifestação radical da dessubjetivação, suspensão absoluta do "si mesmo" que se radicaliza em sua evanescência.

É claro que não se trata da mesma coisa se o que resulta disso é uma obra barroca ou uma manifestação histérica. O que queremos sublinhar é que tanto uma como outra são expressões de uma estrutura pautada pela verdade do desejo, que, prevenida quanto à inconsistência de um objeto que pudesse calar sua ânsia, volta-se para o mais além, para o infinito, visando a um gozo de outra natureza, um gozo que prescinda do objeto ou que vá além dele. Ou mesmo que o revele com o rebuscamento próprio de sua natureza de montagem, de ficção.

Por essa razão, o efeito disso no barroco parece ser a expressão artística do luto do objeto que prometeria nos salvar nos dando alguma consistência. Parece não ser à toa que nas obras barrocas apareçam, tão frequentemente, referências à morte, caveiras, crânios, sangue em abundância... E lá estão não numa perspectiva depressiva, mas com todas as pompas com as quais convém vestir a morte. Não para encobri-la, mas sim para velá-la, ou seja, protegê-la com um véu, fazendo uma barreira de proteção, mas também deixando ver, de modo a possibilitar que, munidos pela beleza das pompas fúnebres, nos aproximemos mais da morte, provocando o efeito precipitador da celebração da vida, transfigurando assim seu horror.

Se isso nos aproxima também de um pensamento artisticamente trágico, de afirmação de tudo o que há na vida, seja de alegria, seja de sofrimento, certamente não é por acaso. Do mesmo modo que não é por acaso que a tragédia também é tão cara à psicanálise, vindo a funcionar como elemento orientador da ética que opera no trabalho psicanalítico, que realmente não nos promete um mar de rosas, mas nem por isso nos transforma em pessimistas.

Na histeria, o remetimento a um gozo que não se satisfaz com o objeto, porque visa a mais além dele, se traduz pela insatisfação com o mundo dos objetos — nenhum serve, nada basta, nada garante. Podemos dizer que para a histérica o gozo enguiçou na reivindicação de fazer consistir o objeto que viria salvá-la dessa inconsistência, o que faz com que ela fique no meio do caminho: prevenida quanto à inconsistência, porém denegando-a, dado que se encontra fixada numa reivindicação inelutavelmente frustrada. Ela está sempre tentando e se frustrando.

É claro que o objeto de que aqui se trata não é um objeto qualquer, mas aquele que serviria de unidade de medida do valor de um sujeito, objeto fálico por excelência, já que se atribui ao falo, e a seu representante imaginário, o pênis ereto, esse poder distintivo, diferencial de um sujeito. O falo, como elemento indicativo da plena potência vital, símbolo da fertilidade na Antiguidade, ninguém o tem, mas ele se afigura, pelo menos na cultura ocidental, como um vislumbre do que faria alguém consistir.

Se mencionamos "as" histéricas, no feminino, certamente não é porque não existam homens histéricos. Mas sim porque a estrutura da histeria tem parte com o efeito de uma privação familiar à posição feminina. Masculino e feminino referem-se na psicanálise a posições que podem ser frequentadas tanto por homens quanto por mulheres, bem para além de serem distinções de gênero.

Quando Freud aborda a histeria, não chega a falar propriamente de uma estrutura histérica, até porque a rigor o pensamento estruturalista atribuído a Claude Lévi-Strauss é posterior a Freud. Porém, o modo como esse último, numa análise, conjuga certos elementos para averiguar a relação que se dá entre eles, revela-se afeito a esse modo de operar com o pensamento. Dando um passo para além da fenomenologia, ou seja, para além da observação que leva em conta o estudo do que se manifesta, o pai da psicanálise quer saber acerca do que sustenta a manifestação, quais operações estão em jogo e qual a rede de conjugação dos elementos que atuam no seu eixo, sustentando-a.

Não se considerando como um homem de ciência, nem mesmo como um experimentador ou pensador, Freud percebe-se como um conquistador por natureza; alguém com uma curiosidade tenaz. Podemos dizer que essa curiosidade o leva a querer saber sobre a "psico-pato-logia", tomada por ele não como expressão de degeneração psíquica, mas em seu sentido etimológico, conjugando "psico", relativo a psiquê, alma, com "pato", relativo a *pathos*, referido ao que causa espanto, e logia, que pode ser entendida como busca de sentido. Vista desse modo, psicopatologia vem a ser a busca de sentido do que causa espanto à alma. Ele quer saber sobre a verdade da produção dos enigmáticos sofrimentos do psiquismo e a histeria é sua porta de entrada nesse universo.

Num primeiro momento, Freud espantou-se frente a essa manifestação, que exigia uma nova maneira de fazer clínica. Não havendo razão aparente, de natureza anatômica, fisiológica, neurológica ou similar, o que será que faz sofrer esse sujeito? Que atividade bizarra é essa que sustenta a produção desse tipo de sintoma? Que sintoma é esse cuja dor é tão cara ao sujeito, e cara em todos os sentidos, porque não é à toa que esse faz dela seu estandarte, seu cartão de visitas, exibindo-a para quem quiser ver?

Frente à conjuntura de um determinado momento da história, é à medicina, enquanto essa se alia à ciência, que o sujeito que sofre dirige seu pedido de ajuda, antes endereçado ao oráculo, ao filósofo ou ao padre. Aquela, entretanto, na impossibilidade de lhe responder dentro de parâmetros precisos de objetividade, tenta, em nome dessa mesma objetividade, elidir a questão, eximir-se de responder a ela, acusando as histéricas de dissimulação, abordando-a como uma doença detestável e resistindo a levá-la a sério. A histeria funciona como o calcanhar de aquiles da medicina, na medida em que revela a impotência do saber médico, apesar de todos os seus avanços. Essa reação abre espaço para o surgimento de um outro campo de investigação para onde a questão virá a ser endereçada. Esse novo campo será a psicanálise.

Se o sintoma histérico colocava-se como um enigma que desafiava a lógica da razão, na medida em que desarticulava a relação de causalidade esperada, é aí que Freud toma para si a empreitada do desvelamento desse enigma. O método que usa para isso é absolutamente subversivo. Ou seja, prevenido quanto ao fato de nessa seara o saber não estar do lado do médico — que nada tinha a dizer sobre o sintoma histérico, até porque nada sabia sobre ele — não se atribui a função de falar ao paciente, lhe dizer o que ele tem, como se espera que um médico o faça após o relato do paciente. Mas, ao contrário, percebe que esse saber está do lado do paciente, embora inacessível a ele de forma consciente. Por isso o convida a falar.

Deixando falar a histérica, escuta nesse discurso a irrupção de uma outra lógica — a do inconsciente — por onde o sintoma se articula como homogêneo à sexualidade, como pôde verificar. Ou seja, é mensagem tecida na relação do sujeito com o Outro, na qual o sexual se delineia como esse circuito que faz a ligação. O sintoma é aí apreendido como uma formação dessa instância — o inconsciente — que regeria o psiquismo humano, tanto quanto a instância consciente/pré-consciente. Essa última, o pré-consciente, designaria, topologicamente, conteúdos que, embora não estivessem naquele momento na consciência, seriam passíveis de lá estar, sem que houvesse resistências para tal, ou seja, diria respeito ao uso adjetivo, descritivo, que o termo inconsciente já conhecia pela via da filosofia.

O Inconsciente proposto por Freud, escrito com inicial maiúscula (o que, em alemão, indica que deve ser tomado como um substantivo, malgrado sua falta de substância), também designado como a "outra cena", aponta a radicalidade de uma instância que disputa com a consciência o domínio do psiquismo. O sintoma, ao qual nos referimos, configura-se como uma formação do inconsciente, a partir do conflito estabelecido entre essas instâncias — consciente/pré-consciente e inconsciente.

Assim, se o sintoma produzido como um acordo entre as instâncias começa a ratear em sua função conciliatória, revivificando o sofrimento ao qual tentava responder, um novo campo de saber se abre na investigação dos fundamentos desse sintoma. É por onde as implicações da sexualidade tomam a cena, já que essa irrompe no discurso do sujeito convidado a falar, atestando a intervenção do "mal de amor" em suas diferentes facetas. Ou seja, quando se pede que o sujeito fale, são os destemperos de sua economia amorosa que aparecem em seu queixume. Diante disso, Freud não recua, como muitos o fizeram, e assume os riscos dessa empreitada, começando a edificar sua obra.

Congruentemente com a noção de conflito, Freud se vale desde o início do conceito de recalque para se referir ao destino da ideia inconciliável — em geral de natureza sexual — que deveria ser banida da consciência. Dessa forma, um mecanismo singular, subjetivo — o recalcamento — vem ao encontro dos mecanismos repressores da cultura. Entretanto, restam vias de negociação por onde o recalcado retoma. O sintoma é a primeira a que Freud se dedica, os sonhos logo lhe chamam a atenção, e da mesma forma os chistes, os lapsos e as fantasias, designadas, mais tarde, "formações do inconsciente", testemunhas do recalcado. Por meio delas, Freud constitui esse seu campo de estudo, o inconsciente, cujo acesso direto é, por definição, impossível.

Na relação do sujeito com o que se coloca como o seu bem se interpõe, na perspectiva freudiana, uma lógica outra, a lógica do inconsciente, que vem turvar os ditames da vontade racional. O bem para o sujeito passa a focalizar a dimensão de desejo que o inaugura, numa concepção bastante diferente da dos hedonistas, que são os que fazem apologia do prazer. Ou seja, Freud, em sua hipótese da fundação do psiquismo humano, toma o desejo como seu ponto de partida. Para ele, o desejo será definido como um impulso psíquico que tenta reinvestir um traço de memória, da percepção de uma hipotética primeira experiência de satisfação que o bebê teria vivido, graças ao auxílio alheio vindo em seu socorro, fornecendo alívio frente ao desamparo e ao desconforto dos primeiros estímulos internos e externos, causadores de desagradável excitação.

Essa primeira experiência ficaria, portanto, referida a um suposto encontro com o objeto complementador, perdido para sempre. Na tendência à busca desse objeto perdido situa-se a vinculação do desejo à falta. E, nesse sentido, a falta presente na própria prematuridade do bebê humano encontra aí um ponto de ancoragem no universo da significação, ao inscrever-se como referida a esse objeto que o desejo tenta reeditar. Assim, tal desejo, que se refere a esse objeto mítico e que funda a dinâmica do psiquismo, é por natureza inapreensível e indestrutível, uma vez que tem a falta como motor. É em torno disso que faz falta que o sujeito faz gravitar seu desejo e toma sua orientação subjetiva, apelando para a fantasia, que se constitui na tentativa de responder a essa lacuna.

Essa Coisa que faz falta, designada no texto freudiano como *das Ding*, toma o caráter de um vazio possibilitador da relação do sujeito com a linguagem, dado que essa constitui a via pela qual as palavras tentam apreender a Coisa de impossível apreensão. Portanto, a linguagem, a fala, é o meio pelo qual o sujeito vai contornar o vazio que preside sua existência humana e torná-lo operante, vivenciando-o como falta — falta de algo, falta de um objeto, que não é um objeto qualquer.

Será na boa distância de *das Ding*, nem tão longe nem tão perto, que o desejo se sustenta na tensão da falta que o constitui. Assim, avançar em direção ao desejo comporta a ilusão do risco de suprimir a tensão que lhe é indispensável. Risco de que suprimindo a tensão se caia na inércia, do lado da morte, ou da quietude do psiquismo. Isso mostra o porquê de ser tão difícil nos aproximarmos de qualquer dimensão possível de realização de desejo, o que faz com que a insatisfação seja uma experiência tão familiar e até levada às últimas consequências no caso da histeria, como veremos mais adiante.

Nas modulações da relação com *das Ding* atuam dois princípios reguladores do pensar e do agir humanos: princípio de prazer e princípio de realidade, redobrando aí a abordagem psicanalítica do sujeito enquanto dividido.

Ao princípio de prazer, que rege especificamente os processos do inconsciente, compete a redução da tensão na qual se sustenta o desejo por meio da busca de reificação do encontro com o objeto perdido, numa suposta primeira experiência de satisfação. Tal encontro só será possível via alucinação, dada a própria natureza ausente desse objeto. Assim, tal experiência acaba por acarretar decepção, o que abre canais para que um outro princípio vigore no psiquismo: o princípio de realidade. Esse último, pautado na perspectiva de inapreensibilidade do objeto perdido, coloca em ação a possibilidade de sua busca via objetos substitutivos, simbólicos, valendo-se agora das operações do pensamento, e não mais da alucinação. Assim, como nos diz Freud, a atividade de pensar vem substituir a de alucinar.

Aqui a dimensão da realidade, situada além da pura determinação do psíquico, é tomada em conta na medida em que deixa entrever um real inapreensível. Não se trata meramente de um adiamento do prazer, pois tal adiamento refere-se já à colocação em cena de um encontro impossível, embora sempre visado.

Se nos é vetado o acesso ao real, já que para sabermos dele dependemos de nossa percepção, e essa é sempre limitada, o que chamamos de realidade padece de precisão. Essa precariedade de acesso ao real é então contornada pelas operações da linguagem. Isso aponta também para a conformação do desejo à linguagem. Mas, diante da ambiguidade das palavras que tentam dizer o desejo, esse resta sempre enigmático e, portanto, nesse sentido, indestrutível, não assimilável pelos registros da consciência. Não estando o sujeito, em última instância, garantido por nada, resta-lhe valer-se dos recursos da linguagem como via de ancoramento. Mas, como é fácil perceber, esse é um ancoramento que nada garante.

Essa valorização da linguagem, da maneira pela qual o sujeito faz uso da língua — apropria-se dela à sua maneira — será um ponto crucial para o desenvolvimento da pesquisa psicanalítica. Já em uma de suas primeiras conferências, proferida em 1893, intitulada "Sobre o mecanismo psíquico de fenômenos histéricos", Freud retoma e reforça o que já havia dito nos *Estudos sobre a histeria: 1893-1895,* sublinhando a perturbação da linguagem dentro do quadro da sintomatologia histérica. Nessa sintomatologia existe um propósito de expressar um estado psíquico mediante uma manifestação corporal para a qual o uso linguístico oferece os meios de como fazê-lo, estabelece as conexões simbólicas, mapeando o corpo com as letras do desejo insatisfeito. Será por esse viés que ele virá afirmar que as histéricas padecem de recordações. Tais recordações, impedidas de ser acolhidas pela consciência, atualizam-se mediante uma cadeia de elaborações causais intermediárias que ganham expressão por meio de sintomas somáticos.

A histeria em foco: primeiros estudos psicanalíticos

No texto acima mencionado, *Estudos sobre a histeria*, elaborado em coautoria com Joseph Breuer, são apresentados, além do famoso caso Anna O., desse último, os casos clínicos da Sra. Emmy von N., da Srta. Lucy R., da Srta. Katharina e da Srta. Elisabeth von R., atendidas por Freud.

Anna O. foi o nome fictício atribuído à Srta. Bertha Pappenheim, uma moça de 21 anos encaminhada em 1880 a Breuer, que já era nessa época um senhor de meia-idade e respeitado médico. Tal caso, embora não tendo sido atendido por Freud, acabou por tornar-se crucial para a invenção da psicanálise. Ela apresentava sintomas histéricos gritantes, dentre os quais tosse, paralisias diversas, analgesias, distúrbios e alucinações visuais, desorganização da linguagem, mistura das línguas que falava, por vezes mutismo, compondo com eles, de maneira primorosa, o que veio a ser denominado o teatro privado da histeria.

Frente à impotência do que fazer diante da cena, Breuer teve, a princípio, a sensibilidade de prestar-se a escutar a moça. Ele a via todos os dias e ela logo percebeu os efeitos benéficos dessa escuta sobre seu estado geral, razão pela qual ela curiosamente sugeriu denominar o trabalho que fazia com ele de "cura pela fala". Quando os intervalos entre as consultas ganhavam um espaçamento maior, a moça demonstrava, via o agravamento de seus sintomas, a importância da frequência e continuidade do trabalho desenvolvido. Denominava-o jocosamente como limpeza ou desentupimento da chaminé, prenunciando o acionamento da fala como um dispositivo da cura.

O médico atribuía essa fala da paciente a um estado de auto-hipnose na qual ela retornava a situações traumáticas nas quais, a seu ver, possivelmente encontrava-se a matriz dos sintomas por ela desenvolvidos. Ficava impressionado ao perceber que seu diário testemunhava a antecedência de certos eventos decisivos para as produções histéricas da moça, que, quando retomadas por certas lembranças carregadas de afeto, produziam um efeito catártico, liberando-a do sintoma que correspondia ao afeto retido. A catarse funcionava como a descarga purificadora do efeito nefasto do afeto que se expressava pelo sintoma criado.

Embora esse médico não tenha se interessado em avançar na pesquisa sobre a histeria, empolgou-se tanto com o caso e com os progressos que obteve no trabalho com a moça que sua mulher mostrou-se enciumada, pressionando-o a tirar férias a fim de que viajassem para uma segunda lua de mel. Porém, na noite do dia em que Breuer anunciou à paciente a interrupção do trabalho, teve uma enorme surpresa: foi chamado às pressas na casa da paciente, por conta de essa encontrar-se numa crise em que "encenava" o parto de um filho do médico.

Com essa pseudociese ele absolutamente não contava. Ainda mais que se admirava com o fato de a moça lhe parecer alheia às questões sexuais, o que revela o quanto possivelmente se recusava a ver os indícios de um investimento amoroso, investimento esse que mais tarde será caracterizado na teoria freudiana como transferencial, constituindo-se como elemento-chave no tratamento psicanalítico. O ocorrido o assustou de tal maneira que ele viajou no dia seguinte. Curiosamente, nessa viagem ele engravidou sua mulher, que veio a ter um filho que, por ironia do destino, se suicidou ainda jovem.

O susto de Breuer com Anna O. levou-o a nunca mais assumir tratar casos como esse, mas essa experiência o intrigou de tal maneira que ele, anos mais tarde, quando viu Freud expondo sua hipótese acerca da origem psíquica de sintomas histéricos, e falando sobre a possibilidade de um tratamento psíquico, não titubeou e o incentivou. Tanto lhe encaminhando pacientes quanto lhe emprestando dinheiro para que continuasse seu trabalho. Segundo Ernest Jones, Breuer, reconhecendo a coragem de Freud nos avanços de sua pesquisa sobre a histeria, teria mesmo dito: "Sinto-me como uma galinha que acompanha o voo de um falcão."

Quanto a Bertha, depois de alguns anos perambulando por hospitais, conseguiu de alguma forma estabilizar-se, interessou-se pela questão da emancipação da mulher, dirigiu casas de amparo a moças desencaminhadas e filhos ilegítimos, colaborou na organização da Federação das Mulheres Judias, vindo a ser uma das pioneiras no trabalho de assistência social. Não se casou e não teve filhos, embora se saiba que não lhe faltaram admiradores. Ainda assim, sua vida foi bastante intensa, tendo viajado muito em função de sua causa filantrópica. O reconhecimento de seu trabalho lhe rendeu em 1954, uns bons anos depois de sua morte em 1936, um selo comemorativo da série Benfeitores da Humanidade, editado pela Alemanha Ocidental.

Todos os casos apresentados nos *Estudos sobre a histeria* pertencem a uma fase considerada ainda pré-psicanalítica, uma vez que os conceitos fundamentais da psicanálise, assim como o método de tratamento psicanalítico, ainda não haviam sido elaborados. O inconsciente apresentava-se ainda nesse momento como uma noção precariamente esboçada, tomada basicamente em seu aspecto descritivo, ou seja, referindo-se, meramente, àquilo que não está presente na consciência, o avesso da consciência. Mas as revelações da clínica vão possibilitando constituir as bases para a proposta de um inconsciente dinâmico, conceituado em sua positividade, ou seja, instância com leis próprias de funcionamento e que disputa com a consciência o domínio do psiquismo.

O tratamento nessa época consistia ainda no uso de recursos sugestivos. Embora a hipnose tenha sido abandonada cedo por Freud, esse se valia, a princípio, de técnicas indutivas de lembranças esquecidas, como a pressão da mão sobre a testa do paciente para fazê-las reaparecerem. Conforme mencionado acima, o ressurgimento na consciência de lembranças carregadas de afeto e a possibilidade de escoamento desses afetos por meio do relato emocionado de tais rememorações eram a base do método catártico proposto por Breuer, que no início foi seguido por Freud. À medida que o conceito de inconsciente se edificou, essa ênfase na dimensão quantitativa presente nas experiências afetivas cedeu parte de seu lugar à dimensão qualitativa, ampliando a complexidade desse conceito.

O método propriamente psicanalítico da associação livre só se estabelece quando Freud se propõe a renunciar, na medida em que lhe é possível, à intervenção sugestiva sobre o paciente, confiante em que os elementos inconscientes possam emergir por meio de uma fala "livre" do paciente. É quando então propõe a regra fundamental para a psicanálise: falar o que vier à cabeça sem se deixar deter por julgamentos, seleções ou constrangimentos morais ou de qualquer outra natureza. Dessa fala aparentemente desconexa aos olhos da razão emerge o que vem a se constituir propriamente como o discurso do inconsciente. Nesse sentido, o inconsciente tal como proposto por Freud refere-se à manifestação não de uma irracionalidade presente no psiquismo, mas de um modo de operar que se baseia numa lógica estruturada, ainda que não afeita aos ditames da racionalidade consciente.

O modo de um sujeito falar, constituir seu discurso, posicionar-se como emissor de mensagens, vem testemunhar seu modo próprio de apropriar-se da linguagem e valer-se dela para estruturar-se como alguém. A constituição subjetiva tem como base essa operação simbólica, que revela o quanto o que é próprio ao humano se inaugura via operações que não são naturais, mas resultado do artifício da invenção da linguagem na qual cada um de nós se aliena, para edificar seu uso próprio dela e situar-se a partir de algum lugar. Como a linguagem enquanto tal preexiste a cada um de nós, ela nos ultrapassa, funcionando como um recurso que ao mesmo tempo nos revela para nós mesmos, fazendo com que possamos nos reconhecer como um Eu, mas simultaneamente, nessa mesma operação, nos encobre de nós mesmos, mostrando o quanto o que nos fundamenta nos é exterior. Daí nosso aparente desconhecimento, no plano da consciência, de quem somos nós. O que justifica que nosso acesso a nós mesmos se afigure como cifrado, exigindo, portanto, decifração.

Freud, que como comentamos anteriormente fascinava-se com Édipo como decifrador de enigmas, foi extremamente sensível a essas peculiaridades do funcionamento psíquico e viu prioritariamente na sintomatologia histérica a expressão não de uma doença, ou de uma disfunção, mas de uma função a ser decifrada. Tal sintomatologia lhe parecia estar a serviço da apresentação de um sujeito, revelando seu modo próprio de colocar-se frente ao outro e dirigir-se a ele fazendo uso da linguagem, ainda que fosse por meio do estranho recurso do sintoma. Dessa forma percebeu que o sintoma funcionava como mensagem ao outro e não se furtou à tarefa de averiguar o que poderia fazer com isso.

O que foi exposto nos *Estudos sobre a histeria,* ainda que diga respeito a um período pré-psicanalítico, constitui-se como a matéria-prima para a elaboração da teoria psicanalítica. Os casos clínicos atendidos foram, por certo, a pedra de toque para a constituição da psicanálise como um campo no qual teoria e clínica se confundem e em que o tratamento se revela não como resultado de procedimentos técnicos, mas como efeito de um método de investigação que inaugura uma nova relação com o saber. Desses *Estudos* podemos, por exemplo, extrair as preciosas contribuições dos vários casos nele relatados, mas aqui destacaremos especialmente o da Srta. Elisabeth von R., que representa um marco no trabalho de Freud.

Srta. Elisabeth chegou até Freud acometida por inexplicáveis dores nas pernas, que há mais de dois anos dificultavam-lhe andar. Nos últimos tempos, sua vida havia sido atribulada: o pai havia falecido, a mãe teve de sofrer uma grave cirurgia na vista e a irmã casada havia morrido do coração pouco tempo depois de ter dado à luz um filho. Quanto a esses fatos, Elisabeth mostrava-se conformada, o que fazia com que Freud pensasse no que costuma denominar como a *"belle indifférence"* dos histéricos. Era como se nada a tivesse atingido efetivamente. Encontrava-se tomada por suas dores na perna e possivelmente pelas ideias a ela associadas, que consumiam toda a sua atenção.

Freud observava que curiosamente, quando se tocava a região hiperalgésica da perna, a expressão da paciente era mais de prazer do que de dor e se acompanhava de estranhos gritos e intenso rubor.

Tais dados, aliados a outros, foram confirmando a hipótese de histeria. Entretanto, era também bastante provável a existência de modificações orgânicas e musculares, nas quais sua neurose se apoiaria para exagerar sua importância.

Nesse caso Freud já pôde praticamente renunciar à hipnose e comparou o método investigativo usado a uma escavação arqueológica de uma antiga cidade soterrada. Considerou esse caso sua primeira análise completa de uma histeria.

Elisabeth se deitava no divã e falava o que sabia. Numa prole de quatro filhas, era a caçula, e para o pai situava-se mais como um filho e um amigo para troca de ideias do que propriamente como uma filha. Desde pequena predizia sua dificuldade para vir a se casar. As ambições intelectuais, a liberdade de juízo faziam-na pouco conforme ao modelo de mulher da época. No que diz respeito à mãe sempre doente da vista, encontrava-se constantemente muito nervosa e pouco ou nada lhe servia como suporte identificatório.

Quando o pai caiu doente, Elisabeth não deixou mais a cabeceira do leito. Ela se recorda de nessa época ter sentido dores na perna; entretanto, só dois anos depois da morte do pai passou a não poder efetivamente andar sem sentir muitas dores.

Um ano depois da morte do pai, a irmã mais velha se casou com um homem brilhante e de temperamento forte. Elisabeth encontrou dificuldades na relação com esse cunhado. Em compensação, com o marido da segunda irmã estabeleceu ótimo contato e fez do sobrinho nascido desse casamento o favorito.

A primeira vez que sentiu dores nas pernas e dificuldade para andar foi quando, depois da cirurgia bem-sucedida da mãe, toda a família se reuniu numa estância termal para comemorar. A partir de então, as dores nas pernas não mais cessaram.

É nesse período que a segunda irmã morre ao dar à luz, devido a problemas cardíacos, e a família se reprova, e também ao médico, por haver consentido no casamento. Ao viúvo não coube outra alternativa senão se afastar. O ocorrido ratificou para Elisabeth a descrença no casamento.

Ela se isolou do convívio social e se restringiu a cuidar da mãe e das próprias dores.

Na análise com Freud, buscando encontrar uma impressão psíquica ligada à primeira ocorrência das dores na perna, convocada pelo médico, consegue depois de algum esforço uma recordação: lembra-se de um rapaz por quem foi enamorada e precisamente do dia em que, tendo se afastado do leito do pai doente para vê-lo, e radiante de felicidade por tal encontro, ao chegar de volta em casa encontrou o pai bem pior de saúde. O contraste entre sua felicidade e o estado do pai produziu nela, segundo Freud, um conflito, no qual o afeto ligado à representação erótica que foi forçada a ser desalojada da cadeia associativa foi usado para reanimar ou intensificar uma dor corporal presente simultaneamente, ou com escassa anterioridade. Tal procedimento caracteriza uma forma de defesa que se vale do mecanismo da conversão.

Um segundo período do tratamento se inicia quando Elisabeth descobre que a região da perna de onde partiam as dores dizia respeito ao lugar onde o pai apoiava as pernas inchadas, todas as manhãs, para a renovação das bandagens.

O estado geral de Elisabeth foi melhorando, mas na análise ela era acometida por dores na perna direita quando as lembranças da enfermidade do pai se associavam às do jovem por quem havia se enamorado, e por dores na perna esquerda quando as recordações referiam-se à irmã morta e ao cunhado.

Em sua fala enfatizava o fato de estar de pé tanto quando se viu diante do pai acometido pela primeira vez de ataque cardíaco quanto quando se viu diante da irmã morta.

Num dado momento diz que, na estância de veraneio onde a família se reuniu depois da cirurgia da mãe, lembrou-se de que num dia bonito e quente o cunhado — marido da segunda irmã, que já não se sentia muito bem — a acompanhou em um passeio para não deixá-la sair só, uma vez que as irmãs não poderiam acompanhá-la.

À pergunta de Freud sobre o motivo do surgimento das dores nessa época, Elisabeth respondeu falando da dor de perceber-se tão só e isolada frente à felicidade conjugal da segunda irmã, evidenciada, para ela, pela conduta do cunhado. Elisabeth sentiu inveja da irmã e um desejo ardente de ser tão feliz quanto ela. A partir dessa reflexão as dores se estabeleceram definitivamente.

Observando a dimensão simbólica do sintoma, Freud verificou que inúmeras vezes a paciente fechava os relatos lamentando o quão só que "estava". Ele observou que *stehen* em alemão quer dizer tanto "estar" quanto "estar de pé". Além disso, Elisabeth se queixava de seu desvalor e "da sensação de que não conseguia avançar um só passo". O que Freud não podia deixar de correlacionar à instalação da abasia.

No terceiro momento do tratamento Freud retoma a questão do passeio com o cunhado, a admiração por ele, e Elisabeth confessa que, após retornar, a irmã doente havia piorado muito e teve de ser socorrida longe dali. E, ao viajar ao encontro dessa irmã, passou por sua cabeça a angustiante ideia de que essa poderia morrer para deixar o cunhado livre e ela poder fazer-se sua mulher.

Seu ser moral se rebelava contra isso. A excitação decorrente dessa representação erótica, o amor pelo cunhado, foi tirada de cena e convertida em excitação somática. Ou seja, foi substituída por dores corporais. Isso foi feito, sobretudo, nos momentos em que a certeza de seu amor pretendia impor-se. A representação do enamoramento pelo cunhado lhe era intolerável. Como se algo, na ordem do sexual, adquirisse uma dimensão traumática, exigindo que essa ideia fosse banida da consciência, ainda que isso trouxesse consequências estranhas para o afeto ligado a essa experiência.

Para Elisabeth, dar-se conta dessa relação, fruto do esforço investigativo da análise, e experimentar os sentimentos eclodidos por sua causa possibilitaram o que Freud denominou como "derivação por reação" da excitação acumulada. A investigação prosseguiu e a "derivação por reação", no caso, foi extremamente eficaz. O tratamento foi terminado. As relações de Elisabeth com o cunhado não se modificaram e tempos depois ela resolveu se casar com um estrangeiro.

Freud conclui que Elisabeth intensificou com a abasia-astasia uma perturbação funcional, que operou pela via do simbolismo como expressão somática da falta de autonomia e do sentimento de impotência para lidar com as circunstâncias. Percebeu que os giros linguísticos "não avançar um passo", "não ter apoio" constituíam expressões que serviam de ponte na condução para o ato da conversão.

Dessa forma, o que podemos observar é que o sintoma que faz sofrer o neurótico constitui-se como uma metáfora da ideia inconciliável que abriga o desejo proibido de satisfação. Entretanto, o próprio sintoma abriga em si uma satisfação, mesmo que paradoxal, ao manter-se como metáfora do desejo. Ou seja, ao substituir-se a esse, tornando-se a atividade em torno da qual gira a vida sexual do sujeito.

Por essa articulação entre o sintoma e o desejo percebe-se claramente a natureza sexual não apenas da neurose, mas sobretudo do inconsciente. A hipótese da existência de uma instância outra que dividiria com a consciência o domínio do psiquismo é edificada como uma consequência da observação clínica. O sintoma que faz sofrer o neurótico se coloca como um enigma no qual em sua decifração surge a evidência de um saber que não se sabe, que escapa à apreensão da consciência. Entretanto, o que é possível de ser desvelado por meio do esforço de investigação que veio a constituir o método psicanalítico exige uma articulação em palavras da "coisa" inconsciente, sem o que essa permanece como "coisa".

Convém, entretanto, ressaltar que por mais relações que existam entre a palavra e a consciência, por mais que por meio da articulação em palavra fique testemunhada a existência do inconsciente, esse, a rigor, permanece inconsciente. Cremos poder dizer que o que a consciência apreende do inconsciente são apenas algumas de suas emanações.

No texto de 1915, "O inconsciente", Freud ressalta a hipótese da existência do inconsciente como necessária e legítima e enfatiza as provas em favor de sua exatidão. Sua necessidade decorre, a seu ver, da incompletude dos dados da consciência, uma vez que diversos atos psíquicos, mesmo de sujeitos sadios, como os atos falhos, os sonhos, também os sintomas psíquicos, e mesmo as fantasias e os chistes, demandam uma explicação que pressupõe testemunhos outros que os oferecidos pela consciência.

Para explicá-los, Freud propõe em lugar da ideia de uma segunda consciência um psiquismo inconsciente. Num primeiro momento identifica tal psiquismo com os conteúdos recalcados da consciência, tal como o amor de Elisabeth pelo cunhado. Porém, já no momento de "O inconsciente", Freud esclarece que o recalcado é inconsciente, mas não constitui senão uma parte do inconsciente, ou seja, nem todo o inconsciente é constituído por aquilo que é recalcado.

A percepção dos processos psíquicos inconscientes pela consciência fica para Freud comparada com a que os órgãos sensoriais fazem do mundo externo. O que significa que não podemos confundir a percepção da consciência com os processos psíquicos inconscientes objetos da consciência. O que a consciência apreende deles não é senão uma de suas dimensões.

Freud temia que sua proposta do inconsciente fosse confundida com o pré-consciente ou, como se diz correntemente, o subconsciente. Ele alerta que esse último indica simplesmente aquilo que no momento não está consciente, não foi focalizado pela consciência, mas que é parte latente dela. Nada impede que um conteúdo pré-consciente se torne consciente se a atenção dirigir-se para ele. Como, por exemplo, lembrarmo-nos do que comemos ontem. O sistema pré-consciente compartilha as mesmas qualidades do sistema consciente. Como mencionamos anteriormente, indica apenas aquilo que não está consciente, mas é capaz de vir a sê-lo. O pré-consciente se identifica com o inconsciente se esse for tomado apenas em um sentido descritivo.

Freud propõe o termo inconsciente em um sentido sistemático, ou seja, instância psíquica independente e com leis próprias de funcionamento. Sugere que o núcleo do sistema inconsciente consiste em representantes pulsionais, investidos de uma energia que quer se descarregar, ou seja, trata-se de moções de desejo. Tais representantes encontram-se coordenados entre si. Subsistem uns junto aos outros sem se contradizer, num sistema em que não existe negação, nem dúvida, nem tampouco certeza. Por meio do processo de deslocamento, o montante de investimento de uma representação pode ser destinado a outra, e via condensação pode tomar para si investimentos de muitas outras. Isso revela a mobilidade que prevalece no inconsciente, caracterizando assim o processo psíquico primário.

Outra característica particular ao funcionamento do inconsciente é a atemporalidade de seus processos, o que significa para ele que esses não se coordenam de acordo com o tempo cronológico, e ainda sua independência com relação à realidade exterior, que fica aqui substituída pela psíquica.

O caso de Elisabeth e os processos pelos quais ela vem a constituir seu sintoma exemplificam algumas dessas características dos processos inconscientes, tais como a existência da não-contradição no inconsciente, em que são abrigados desejos que no âmbito da consciência não poderiam conviver sem intensa contradição. Isso fica bem demonstrado no afeto pela segunda irmã, que se apresenta em paralelo ao desejo de que essa morra. Da mesma forma, a linguagem utilizada pelo sintoma dor nas pernas goza, sem dúvida, do mecanismo de condensação. Os desejos que se constituem como inconciliáveis para Elisabeth são destituídos de suas respectivas representações, no caso, representações eróticas, e os afetos a eles inerentes são usados para intensificar a dor psíquica que por conversão se transforma em dor somática.

O que Freud salienta é que o inconsciente é inesgotável. Com o tratamento analítico, o que se espera que se esgote é o efeito patógeno da ideia inconsciente. Mas a ideia inconsciente, uma vez testemunhada de alguma forma na consciência, não deixa de estar por isso em seu lugar de origem, o inconsciente.

Temos aqui a primeira teoria do psiquismo em Freud. É conhecida como primeira tópica. Nela o psiquismo se refere basicamente a duas instâncias separadas pela barreira da censura. Uma instância do inconsciente e uma instância pré-consciente/consciente.

Como dissemos anteriormente, o núcleo do inconsciente seriam moções de desejo. Mas o que é o desejo? Se queremos melhor explicitar a dinâmica da histeria, temos de retomá-lo mais amiúde. Como foi mencionado, certamente não se confunde com os "quereres", embora deles possa se servir. Se uma teoria do desejo virá a se explicitar na obra de Lacan, o conceito de desejo se enuncia de modo privilegiado em Freud no livro *A interpretação dos sonhos*, considerado marco inaugural da psicanálise, momento em que lança sua hipótese da fundação do psiquismo.

Tentando pensar sobre um estado anterior à colocação em funcionamento do psiquismo, baseado no chamado "princípio de constância", de Fechner, Freud levantou a hipótese de que o aparelho psíquico teria sido a princípio um aparelho reflexo, destinado a se manter livre de toda excitação. Porém, a excitação imposta pelas condições da vida teria vindo perturbar o esquema adotado anteriormente. O assédio das grandes necessidades corporais e a excitação imposta pelas necessidades interiores teriam trazido uma derivação na mobilidade. Ou seja, a criança faminta, exemplo utilizado por ele, esperneia e grita, mas isso de nada adianta para modificar sua situação. A fome perduraria até que algum cuidante viesse em seu auxílio. Só assim o estímulo interno cessaria, propiciando à criança, segundo Freud, a experiência de satisfação.

No caso, apareceria uma percepção da excitação produzida pela necessidade (no exemplo, a fome) que ficaria associada à marca na memória que essa vivência de satisfação teria produzido. Assim, quando ocorresse novamente essa excitação, dado o enlace estabelecido, uma moção psíquica buscaria investir novamente a memória daquela percepção e produzir tal percepção novamente, de modo a restabelecer a situação primeira de satisfação. Com isso se inauguraria um primeiro ato psíquico. Conclui então que uma moção dessa índole é o que ele chama desejo, e a busca de reeditar essa percepção é a realização do desejo. O desejo está, portanto, claramente situado como primeiro ato psíquico.

Freud supõe ainda que o psiquismo em seu estado mais primitivo opera via o princípio do prazer, que representa o caminho mais curto para a realização do desejo. Esse caminho é o que vai da excitação produzida, num primeiro momento, supostamente pela necessidade até a reedição da percepção, no qual o desejar termina em um alucinar. Temos, quanto a isso, o exemplo do bebê que, uma vez com fome, chupa o dedo alucinando que está mamando.

Entretanto, a vida exige uma modificação desse funcionamento primitivo, que tende a uma descarga imediata de tensão, uma vez que por meio dele a satisfação é completamente ineficaz e a necessidade perdura. Chupar o dedo não resolve o problema.

Resta, portanto, empreender uma modificação no funcionamento psíquico para deter o processo regressivo que se restringe a tentar resolver tudo, de modo imediatista, no interior do psiquismo. Trata-se de se poder operar com outros meios, por meio da marca deixada na memória, buscando, pela atividade de pensar, identificar no mundo exterior o objeto que teria propiciado a dita vivência de satisfação. Com isso Freud conclui que o ato de pensar, que exige mais rodeios para obtenção da satisfação, vem substituir o desejo alucinatório.

Freud alega que há uma substituição de um processo primário de funcionamento do psiquismo — no qual o desejo tenta se realizar via um caminho regressivo, dominado pelo princípio de prazer, que é por fim inadequado ao seu objetivo — por um processo secundário de funcionamento, denominado princípio de realidade, em que o mundo externo é levado em conta.

A decepção perante a ausência de satisfação é aqui decisiva para o abandono da via alucinatória e sua substituição pela atividade de representar as circunstâncias reais do mundo exterior, de modo a procurar intervir nele de maneira efetiva.

Dessa introdução do princípio de realidade, que substitui apenas em parte o antigo processo, que continua a operar no psiquismo, Freud depreende várias consequências.

Uma delas é que o pensamento, em princípio, era totalmente inconsciente, e apenas na medida em que as impressões de objetos foram ligadas a restos de palavras, que as representações adquiriram novas qualidades podendo vir a ser perceptíveis para a consciência.

Observou também que a atividade de fantasiar continua submetida ao princípio de prazer, livre da confrontação com a realidade, e que, em verdade, a substituição de um princípio pelo outro não implica, num certo sentido, uma exclusão do prazer, mas sim uma nova relação com ele. Essa atividade será fundamental na própria constituição da subjetividade. Afinal, é com a fantasia que vestimos o nosso Eu. O que revela o quão complexa é a relação entre prazer e realidade. Podemos dizer que, dada a essencialidade do princípio do prazer na inauguração do psiquismo, não nos é possível renunciar a ele totalmente. O que se modifica são os rodeios que passamos a fazer na promessa de encontrá-lo de alguma forma, mesmo as mais díspares, como revelam diversos sintomas.

Segundo Freud, só a arte consegue, de uma maneira particular, conciliar os dois princípios. O artista originalmente se afasta da realidade e deixa livre em sua fantasia desejos eróticos e ambições com os quais cria novas realidades — as suas obras — admitidas pelos demais homens que as admiram e idolatram o artista como herói, via pela qual esses se compensam da insatisfação a que se submetem. Dado que, enquanto investem sua energia na criação dessas valiosas imagens, os artistas se furtam de investi-la nos objetos de amor.

A temática da fantasia, situada, a princípio, como referida a meras produções de caráter imaginário, ganha impulso na obra freudiana quando se constata que uma força inconsciente impele o sujeito a remodelar sua experiência e sua lembrança, produzindo uma realidade que, alheia ao mundo externo, constitui-se como realidade psíquica. Trata-se aí da fantasia como efeito de um desejo primeiro, vinculado ao que há de mais arcaico na inauguração do sujeito, e também como matriz de desejos atuais. Ou seja, o que é arcaico se atualiza pelo menos parcialmente, buscando se efetivar na vida presente do sujeito.

Desse modo, fantasia e desejo operam sincronicamente e encontram no registro inconsciente a tônica que interessa ao trabalho psicanalítico. Há até certas fantasias inconscientes que só se tornam acessíveis ao sujeito no processo psicanalítico. Investigá-las é de fundamental importância, na medida em que por meio delas encontra-se figurado o desejo inconsciente do sujeito. Assim, elas são concebidas como um modo de representação do próprio sujeito. Essa é a razão pela qual, quando Freud em 1908 escreve o artigo "Fantasias histéricas e sua relação com a bissexualidade", enfatiza a relação entre a fantasia e o sintoma. Ou seja, o enigma do sujeito do inconsciente encontra tanto no sintoma quanto na fantasia modos privilegiados de se fazer representar.

Dessa forma fica claro o quanto a fantasia que nos interessa em psicanálise não é propriamente aquela que se refere aos devaneios imaginários pura e simplesmente, mas a que nos conduz à representação do sujeito em sua função desejante. Pela investigação da fantasia Freud percebe a natureza bissexual dos sintomas histéricos, que configuram tanto a relação do sujeito com posições femininas quanto com posições masculinas, revelando seus impasses decorrentes da divisão dos sexos. O que é vivido de maneira grandiloquente na sintomatologia histérica, tal como elucidaremos mais adiante.

A estrutura defensiva histérica

A inconsistência humana é atestada pelas grandes questões que tradicionalmente são traduzidas por "De onde eu vim?" "Quem sou eu?" "Para onde vou?" A existência delas indica a dimensão enigmática do existir humano, a natureza errante de nosso ser, já que ser humano é ser confrontado com uma eterna busca, busca essa que nos remete a uma experiência de que sempre falta algo, o que também nos convoca a uma permanente transformação.

Ao nos constituirmos como sujeitos, de alguma forma respondemos, ao nosso modo, a essas questões. Mas não as respondemos de maneira autônoma. Aliás, autonomia, independência, completude são ideais psicológicos para os quais a psicanálise mostra um limite, na medida em que não há possibilidade de abordagem do sujeito sem que se tome em consideração sua referência ao Outro. A estruturação subjetiva vem a ser, portanto, o modo pelo qual cada sujeito responde singularmente ao Outro, a alteridade, recortando-se a partir dessa referência como um "alguém".

Se por um lado estamos em constante mudança ao longo da vida, por outro existem certas "escolhas" que fazemos no ponto de partida de nossas existências que traçam as vias principais pelas quais seguiremos nosso caminho. A ideia de uma estrutura defensiva prioritária decorre de tais escolhas. É claro que não se trata de escolhas conscientes, pautadas nos ditames da vontade, mas de um conjunto de fatores que favorecem certos posicionamentos que marcam o ponto de partida de um sujeito.

Como o que orienta a noção de estrutura é a ideia de articulação de elementos distribuídos segundo certas relações de ordenação, podemos dizer que tal noção já está presente em Freud desde *A interpretação dos sonhos*. Ela comparece na elaboração de uma primeira teoria do aparelho psíquico. Depois, no texto de 1923 "O eu e o isso", essa noção apontará o estabelecimento de uma certa relação entre processos sobre os quais se organiza a função essencial do Eu.

A noção de estrutura evidencia uma recusa da ideia biologizante de desenvolvimento instintual, o que se pode verificar no subtítulo do trabalho de Freud "As psiconeuroses de defesa: ensaio de uma teoria psicológica da histeria adquirida, de muitas fobias e representações obsessivas e de certas psicoses alucinatórias", de 1824, texto que representa um marco no reconhecimento da relação de Freud com uma modalidade de pensamento estrutural, caracterizado posteriormente como estruturalismo.

O estruturalismo tem uma vocação científica. Seu trabalho não é de ordem ideológica, mas teórica. Trata-se aí de uma questão de método. Ou seja, caminho empreendido pelo pensamento para o estabelecimento de uma certa relação com a verdade. Mais especificamente, trata-se de um novo modo de explorar problemas nas ciências que tratam do homem — as chamadas ciências humanas —

sem que se precise recorrer aos métodos tradicionais das ciências exatas, inadequados para a abordagem do sujeito humano. Isso será feito para privilegiar a vocação falante do humano, o universo simbólico que estrutura o sujeito e que revela a dimensão essencial de sua relação ao Outro pelo viés de sua inserção e seu uso da linguagem. Busca-se encontrar nas relações estruturais entre a linguagem e as leis sociais certos fundamentos formalizáveis da teoria do Inconsciente, essenciais ao processo de subjetivação. Se no que se refere ao sujeito tudo é dinâmico, mudando sempre, há algo em cada um de nós que permanece inexoravelmente o mesmo, é esse algo que responde pela nossa estrutura subjetiva.

Nesse texto freudiano, "As psiconeuroses de defesa", temos um belo ponto de partida para essa ideia de que a subjetividade estaria estruturada, e mais do que isso estruturada num modo de defesa que se colocaria como prioritário. Não que não possamos variar nossos recursos defensivos, mas tais variações seriam secundárias a algo que funcionaria como eixo na organização de um sujeito. É nesse texto que Lacan, releitor de Freud, encontra os melhores subsídios para aproximá-lo de um pensamento estruturalista, portanto não baseado apenas na observação de fenômenos. Pode-se com isso apontar a via pela qual a psicanálise faz uma ruptura com as ciências da observação — psicologia, psiquiatria, psicossociologia, criminologia... —, dado o equívoco sobre o qual estavam sustentadas essas ciências humanas, na medida em que se baseiam numa certa tentativa de objetivar o comportamento humano, de modo a poder avaliá-lo, julgá-lo, controlá-lo, normatizá-lo, enfim.

No texto mencionado, Freud dedica-se a pesquisar o que há de comum entre a histeria, outras neuroses e certas psicoses. A partir de trabalhos de autores como Pierre Janet e Joseph Breuer, e ainda sem dispor da ideia de uma instância inconsciente no psiquismo, toma em consideração a suposição da presença de uma divisão na consciência que teria papel fundamental na neurose histérica. Certos grupos psíquicos permaneceriam dissociados, segregados das atividades associativas, sem que o próprio sujeito se apercebesse de sua existência.

Embora, a princípio, tenha distinguido certas outras formas de histeria (hipnoide e de retenção), deter-se-á na investigação da histeria de defesa (a qual as outras serão subsumidas posteriormente), enfatizando nela a não existência nem de hereditariedade nem de degeneração.

Como veremos, essa ideia de defesa cumprirá um papel importante não apenas na histeria, mas também na neurose obsessiva, nas fobias e mesmo nas psicoses. Mas do que o sujeito se defende? O texto nos diz: defende-se de uma representação inconciliável surgida no plano sexual. O que indica que o sexual apresenta-se como traumático para o psiquismo.

Enganam-se aqueles que acreditam que essa visão era devida à repressão sexual da época de Freud, e que hoje, por efeito da revolução sexual, esse plano não seria mais traumático. Trata-se de uma questão bem mais complexa, que não é contingência de um período da história, mas sim inerente à própria condição humana. O sexual, que etimologicamente refere-se a seccionado, partido, promove o encontro com nossa limitação enquanto humanos. Limitação essa que tem como termo a morte.

Aliás, é mesmo à morte que em último termo o sexual se remete: o ciclo do nascimento e da morte e a interpenetração desses dois elementos. Assim, o sexual é traumático porque o que ele encobre é a morte, a natureza brutal da coisa real que é o corpo sem um revestimento imaginário e simbólico, reduzido a uma matéria próxima da imundice. O sexual é a marca da passagem da coisa real, puramente orgânica do corpo, para sua apreensão no universo da significação, campo do processamento humano. É pela via do sexual, da sexualidade, que o real do corpo transforma-se em corpo significante, porém o caminho inverso está sempre em aberto. O recalque faz a fronteira entre o sexual e o não sexual, mas a dimensão recalcada da destinação do corpo como carne, como cadáver, como puro objeto destinado à selvageria é o que retorna, causando horror, traumatizando.

A limitação imposta pelo dualismo vida-morte, animado-inanimado, atividade-passividade, encontra expressão também no dualismo ser homem ou ser mulher. A menção feita por Freud sobre a falta de representação no inconsciente do sexo feminino — dado que esse é indicado por referência ao que não é masculino — aproxima o feminino do silêncio, do que é alheio à representação, o que o associa aos mistérios da natureza, ao real em seu mutismo radical. O que o destina ao recalcamento, ou seja, o feminino em nós, homens e mulheres, é o que presentifica a natureza, ou, melhor dizendo, o real, que aponta sempre para algo de indomado, incontrolável, não domesticável, de impossível apreensão pelo saber. Logo, o feminino mina qualquer pretensão de totalidade, de unidade, de absolutização.

No processo defensivo o psiquismo trata como não acontecida a representação inconciliável com a economia das tensões psíquicas, por meio de tentar transformar essa representação intensa e desconectada em débil. Mas, na lógica econômica dessa operação, a intensidade que sobra nesse processo tem de ter outra aplicação. Isso vale tanto para a histeria como para as neuroses obsessivas e as fobias. As diferentes modalidades de aplicação dessa intensidade que excede é que fará a diferença entre essas manifestações clínicas.

Pela pertinência dos achados de Freud nesse texto, ainda pré-psicanalítico, "As psiconeuroses de defesa", retornamos até hoje a ele. Nele encontra-se o argumento de que o recalcamento da representação inconciliável não implica seu sepultamento no psiquismo. Mas, ao contrário, a força dessa representação deve-se ao fato de associar-se a um grupo psíquico secundário, uma consciência secundária — termo utilizado por Freud no texto mencionado, já que ele ainda não tinha criado seu conceito de inconsciente. Tal representação volta de tempos em tempos, forçando um processo associativo ou provocando, por exemplo, uma crise da qual o ataque histérico é um belo exemplo.

Na histeria, por efeito do recalcamento, o afeto aderido à representação inconciliável ganhará outro destino. O afeto como excitação psíquica é convertido em excitação somática, ou seja, em sintoma corporal. Entretanto, tal conversão não é gratuita, ela mantém um nexo com a vivência traumática sobre a qual incidiu o recalcamento. Será essa vocação para a conversão somática o elemento que melhor caracterizará a modalidade de defesa histérica. Como se diante da confrontação com a radicalidade do enigma que diz respeito a quem somos nós, o que nos deixa um bocado no vazio, a histérica respondesse defensivamente, eu sou meu corpo, e tentasse a todo custo resolver-se por seu intermédio.

Porém, o corpo de que aqui se trata é aquele no qual sua função orgânica foi invadida pela função sexual. O órgão é destacado da função que lhe é normalmente destinada, para servir a outro senhor, servir à função que lhe é conferida pela fantasia. Assim, como é o caso da cegueira histérica, o olho pode ver inconscientemente, sendo afetado pelo que estiver vendo, mas não ver de maneira consciente, apontando claramente para a existência de uma divisão psíquica. Da mesma forma, a boca que serve para a ingestão de alimentos, para a comunicação e para o beijo, pode encerrar-se em si mesma numa recusa à função orgânica alimentar, buscando sustentar o desejo que implica a fome anoréxica. Ou pode ainda deixar-se tomar pela função orgânica, a ponto de empanturrar-se até a náusea e o vômito, tal como ocorre na bulimia.

O que a psicanálise virá mostrar é que qualquer função orgânica pode ser apropriada pelo imperativo de dar expressão a uma questão psíquica, o que significa ser investida de maneira erógena, no caso, histerógena. Esse termo é proposto por Freud para designar esse incremento imaginário que faz com que as zonas erógenas se multipliquem barbaramente na sintomatologia histérica e possam encampar qualquer local do corpo. Isso porque as zonas erógenas são localizações no corpo que se revelam vias prioritárias de expressão da pulsão sexual, sendo, portanto, caminhos fundamentais de intercâmbio com o outro, em que a epiderme e as mucosas ganham uma função prevalente.

Os sintomas decorrentes desse processo têm incontáveis variações que vão desde contraturas, analgesias, paralisias, cegueiras, desmaios, manifestações mais habituais na época de Freud, até anorexias, bulimias e preocupações excessivas com o corpo. Além do fato de a histeria poder configurar manifestações que se confundem com qualquer quadro clínico, como esquizofrenia, perversão, depressão, transtornos bipolares, dada a sua plasticidade. O problema das manifestações histéricas é que elas confundem o próprio sujeito que as produz. O que traz por consequência uma dificuldade em sua delimitação diagnóstica, exigindo do analista que não se atenha apenas às evidências fenomenológicas e busque identificar a estrutura defensiva do sujeito, sobretudo a partir de sua fala, de seu modo de se endereçar ao Outro na elaboração de seu discurso.

Essa investigação da dimensão estrutural da defesa do sujeito é o eixo que permite ao analista orientar seu trabalho de modo a se precaver da infinidade de apelos imaginários que buscam a todo tempo nos seduzir e consequentemente nos confundir.

Não é difícil entender que, efetivamente, é a partir do Outro que a criança é introduzida no universo sexual. Essa, em posição de passividade, vive uma experiência de sedução primária na qual é despertada para o gozo pelo cuidante, em geral a mãe. Nos próprios cuidados com o bebê, na forma de limpá-lo, tocá-lo, protegê-lo, abre-se um universo de apelo ao contato. O bebê encontra-se nesse contexto em posição de dependência absoluta, como objeto oferecido ao Outro, podendo aparecer como instrumento de seu gozo, posição essa de suma importância na construção da estrutura fundamental da fantasia, ou mesmo como dejeto, comprometendo sua possibilidade de advir como sujeito. Tal experiência, embora estruturante, não tem como não ser traumática. Ela encontra-se na base de toda neurose, seja ela histérica, obsessiva ou fóbica.

A crença na existência factual de experiências marcadamente perversas de sedução por parte de um adulto será relevada alguns anos depois em "Minhas teses sobre o papel da sexualidade na etiologia das neuroses", de 1906, quando Freud apercebe-se de maneira definitiva do papel que as fantasias têm na vida psíquica. Em 1924, agrega ao texto das "Novas observações sobre as psiconeuroses de defesa" uma nota na qual reconhece que, por não ter sabido distinguir entre fantasia e lembranças de fatos reais, havia conferido à questão da sedução de um adulto frente à criança uma substantividade e uma universalidade que não eram pertinentes. O que indica que a realidade da qual se trata numa análise, e que é evidenciada pelas histéricas, é efetivamente a realidade psíquica. Por isso um analista não precisa ser um detetive, a induzir quem quer que seja a dizer a verdade.

Isso me lembra um colega que escutou um analisando falar-lhe sobre um sonho, no qual o avô aparecia morto. Trabalhou a sessão em torno disso e no fim, quando o paciente confessou tê-lo enganado, dado nada ter sonhado, o analista assinalou que poderia não ter sonhado à noite, mas certamente tinha sonhado naquele momento. O analista, assim, o convidou a se haver com seu dito. O que figura bem o imbricamento da mentira e da verdade no que diz respeito ao trabalho analítico.

Não há em Freud propriamente uma eliminação da teoria do trauma, que indicava a existência de efeitos sobre um afeto estrangulado, impedido de ab-reação, em prol da teoria da fantasia, na qual a investigação dos fatos cede lugar à pesquisa dos afetos que investem a imaginação. Tudo em Freud se aproveita, ainda que adquirindo novos contornos e situando novas perspectivas de abordagem.

Por mais que, em carta a Fliess, Freud, em 1897, já tenha mencionado que não acreditava mais em sua teoria da neurose, por ter desacreditado da ideia da existência factual traumática da sedução infantil por um adulto, a questão do trauma não é suprimida de sua obra, mas sim reabordada, agora a partir da carência da linguagem, para inscrever o que é da ordem dos apelos sexuais. Ele observa, a partir de então, não haver diferença entre a verdade e a imaginação investida de afeto, apercebendo-se que a realidade psíquica é fantasmática.

Podemos pensar que é como se o trauma aqui referido melhor configurasse o impacto da relação entre natureza e cultura, em que o humano, como ser atravessado pelo caráter de linguagem de sua experiência, encontra-se impossibilitado de expressão natural, direta, dos instintos, encontra-se exilado dos ditos instintos. Será na dimensão sexual que melhor se evidenciará essa contingência de ser humano, e o corpo, ou as fantasias que o recobrem, será a via pela qual melhor aparecerá a impotência da linguagem em inscrever o que diz respeito aos apelos do sexual. Assim, o sexual se situará como traumático porque implica o que a linguagem efetivamente não dá conta de recobrir. Ou seja, aquilo que facilmente escapa de ser delimitado por essa.

Outra reflexão importante que surge na investigação sobre a "Etiologia da histeria", texto também de 1896, refere-se ao encadeamento associativo das cenas traumáticas até a produção do sintoma. Isso porque o sintoma histérico não seria decorrência de uma única vivência traumática, mas de uma série na qual a lembrança, despertada por via associativa, coopera na causação do sintoma. Nessas associações os nexos não são simples, mas ramificados, ao modo de uma árvore genealógica, o que dificulta um entendimento rápido do processo.

Nessa *sobredeterminação* dos sintomas, ou seja, no fato de sobre eles atuarem múltiplas determinações, em que nenhum elemento é necessário e suficiente ao mesmo tempo para produzir o sintoma, vamos encontrar em certos cruzamentos associativos dos elementos em jogo certos *pontos nodais*. Porém, uma coisa é certa: seja qual for o caso ou o sintoma do qual tenhamos partido, chegaremos infalivelmente ao âmbito de uma vivência sexual, o que faz disso a condição etiológica do sintoma histérico. E tampouco basta a existência de tais vivências, é preciso que estejam presentes na condição de lembranças inconscientes. É só nessa medida que podem sustentar sintomas histéricos. Se o sujeito tiver livre trânsito consciente em relação a tais vivências, falta-lhe a condição psicológica indispensável para que originem o sintoma histérico; histeria não é, portanto, capricho ou "frescura".

Freud menciona que a histeria é uma estrutura que conjuga três elementos: um arquivo de lembranças, um núcleo traumático e um fio lógico. O que não podemos esperar é que a lógica de que aqui se trata seja aquela da racionalidade consciente. Acreditando que, ao entender melhor o funcionamento da linguagem, melhor apreenderia a significação dos sonhos, no artigo "O sentido antitético das palavras primitivas" Freud traça um paralelo entre o pensamento inconsciente e as peculiaridades da língua egípcia arcaica, conforme os achados do filólogo Karl Abel, de 1884, e vale-se desses achados para mostrar a importância do duplo sentido na lógica do inconsciente. Um sentido oposto ao outro, sem anulação de qualquer um deles, ao modo do que reconhecemos como paradoxo. Em que tudo o leva a crer que a evolução vai na direção da supressão da ambiguidade, porém a ambiguidade, se soa estranha à consciência, permanece vigorando no modo de funcionamento do inconsciente.

Tal funcionamento antitético fica também patente num outro artigo, esse de 1908, intitulado "Fantasias histéricas e sua relação com a bissexualidade", no qual Freud argumenta que no sintoma histérico, enquanto uma formação do inconsciente, encontra-se a realização de duas fantasias sexuais: uma masculina e outra feminina. Isso revela o quanto o psiquismo inconsciente não se restringe às evidências da diferença anatômica entre os sexos, dos processos de identificação com o gênero masculino ou feminino, mas se conjuga de um modo bem mais complexo (cuja sintaxe se evidencia na forma como a fantasia se dá a ver na histeria), em que a questão "sou homem ou sou mulher?" traz à luz a complexidade da sexualidade humana.

No texto "Etiologia da histeria", de 1896, nosso autor já esboçava sua verificação de que a infância é cheia de excitações sexuais. Tal observação será mais bem fundamentada posteriormente, em 1905, nos "Três ensaios para uma teoria sexual", no qual acaba por demover a ideia de um alheamento sexual das crianças. Ele observa que essas sensações serão ressignificadas mais tarde, sobretudo com o advento da puberdade. Como se o psiquismo fosse sobrecarregado por uma excitação que somente poderá ter escoamento adequado no futuro, com a maturação sexual.

Verifica ainda a existência de certo horror à sexualidade, que, por mais que participe de algum modo das experiências da puberdade em geral, ganha na histeria contornos bastante desmesurados, como se o psiquismo fosse impotente, ou melhor, inexoravelmente imaturo para responder às demandas da sexualidade. Como se nele vigorasse certo infantilismo psíquico.

A peça *O despertar da primavera*, de Frank Wedekind, escrita em 1891, que impressiona pelo modo como antecipa Freud, focalizando a reviravolta da sexualidade na experiência da adolescência, traz à cena a dor do despertar dos sonhos infantis, dor de deslocar-se do desejo de dormir que se afina com o "não querer saber" que opera no recalcamento. Nela, o tema da iniciação sexual é abordado para indicar que ao levantar o véu dos mistérios da sexualidade, fazendo "a púbis vir a público", o que aí se mostra é o nada — o sexual afeito ao seccionado, ao partido. O despertar tem parte com o encontro com o nada e, sobretudo, com o que se pode fazer a partir desse. A psicanálise acolhe o sonho, a fantasia com o qual se vela o nada, não para inflacioná-los, mas para que se possa despertar deles, ultrapassá-los.

Remeto-me também aqui ao caso de uma senhora histérica que, beirando os 60 anos, próxima ao momento de aposentadoria, ao fim de uma carreira muito bem-sucedida como médica e ocupando cargos de chefia em instituições importantes, tem uma crise séria. Com sintomas de confusão mental, irritabilidade, fobia ao contato, despersonalização, chega a ser confundida com uma psicótica pelos psiquiatras que a atenderam. Encaminhada para análise, parecia saber o que se tratava numa psicanálise, e vai diretamente ao ponto. Retoma a dor que não se permitiu expressar com a morte do pai, ocorrida havia mais de 20 anos, e que a remeteu a um desamparo absolutamente primário. Queixa-se da intensidade do amor dedicado a esse pai, percebendo o modo pelo qual se vinculou ao marido situando-o como substituto, chegando mesmo a confundi-lo com ele, o que na crise a assusta sobremaneira à noite, quando em certos momentos não sabe mais quem se encontra ao lado na cama.

Buscando, de modo bastante decidido, saber sobre o desencadeamento de sua crise, apercebe-se surpresa de que, com a aposentadoria e o afastamento do serviço por ela montado, terá de deixar de proteger-se dentro do que construiu como seu "quartel-general". Tal expressão por ela emitida a surpreende e aparece como um achado, em função da natureza militar do trabalho do pai. Estratégia pela qual conseguiu adiar o distanciamento desse, mantendo-se numa posição infantil e submissa a ele, nos modos e na conduta, malgrado a aparente condição de mulher poderosa e determinada. É desse infantilismo que essa mulher se ressente ao questionar agora sua posição no casamento. Diante de tal questionamento, vem à sua lembrança a cena na qual certa feita observou a secretária do marido, portanto uma outra mulher, acudindo-o carinhosamente diante de um mal súbito. Usa essa cena para interrogar-se acerca do que é ser mulher, questão que pensava ver respondida por seus esforços ao longo dos anos em se esmerar por fazer-se mais e mais bela, acreditando que assim fazia-se mais e mais mulher.

Indagações como "sou homem ou sou mulher?", ou ainda "o que é ser mulher?" acompanham a trajetória da constituição do sujeito na histeria, como se o enigma sexual, uma vez respondido, viesse a cobrir a fenda que vige na condição humana. O enigma do feminino em sua versão histérica configura posições extremamente paradoxais, nas quais a aspirada identificação com a posição masculina, fálica por excelência, quando frequentemente toma a cena da vida do sujeito, longe de fazer a realização da histérica, acaba por desvelar a condição de fracassada pelo êxito, já assinalada por Freud. Condição temerária, uma vez que remete ao vazio e ao horror que dele se deflagra, denunciando sua recusa ao feminino, ainda que seja no feminino que a histérica encontre o mais efetivo de si mesma.

Para melhor entendermos a presença do feminino na dinâmica histérica, vejamos o que Freud nos ensina com o famoso caso Dora.

O enigma do feminino na histeria de Dora

Como foi mencionado acima, observa-se na histeria a preponderância da referência ao corpo, como se coubesse a esse responder pelo ser do sujeito. Ou, precisando um pouco mais, como se a presença do corpo fosse convocada a cobrir a falta existente em nossa condição de humanos, vindo, portanto, a responder por nossa falta ontológica, nossa falta-a-ser. Esse corpo apresenta-se como lugar de inscrição de mensagem e também de gozo, modo de operar uma satisfação paradoxal que reúne prazer e dor simultaneamente, no qual o sujeito busca alojar sua subjetividade. "O caso Dora", publicado por Freud em 1905, relativo a um tratamento empreendido cinco anos antes, é exemplar no modo como o corpo é usado para emitir a história erógena do sujeito.

Dora era uma bela jovem, muito inteligente, de 18 anos, com sintomas inequivocamente neuróticos, levada a Freud pelo pai. Com um histórico de problemas anteriores que incluíam dispneia, enxaquecas e toda uma sorte de doenças, que curiosamente, por vezes, surgiam nela de forma agravada depois de terem aparecido no irmão, ela chega a Freud com uma tosse nervosa que a levava em algumas situações a perder a voz. Apresenta-se também melancólica, enauseada, sentia uma pressão no peito, mas o que mais preocupou os pais da moça, razão decisiva para o encaminhamento ao tratamento, foi uma carta na qual ela se despedia da vida e, próximo a isso, um episódio de perda de consciência.

Para entendermos as mensagens que Dora emitia por meio de seu quadro sintomático, é preciso contextualizar algumas circunstâncias que vão sendo relatadas pela moça, a partir das intervenções de Freud. Ela lhe dá a saber que quando tinha 6 anos o pai ficou tuberculoso, razão pela qual a família — ela, o pai, a quem era muito ligada, a mãe, com quem tinha uma relação inamistosa, e o irmão um ano e meio mais velho — muda-se para uma cidade de bom clima. Nesse período fizeram grande amizade com um casal, Sr. e Sra. K., que tinha dois filhos pequenos, aos quais Dora dedicava-se com atenção maternal.

A relação com a família K. era a melhor possível. A moça chegava a passar períodos na casa deles, até o dia em que conta aos pais sobre o Sr. K. lhe ter feito uma proposta amorosa. O mencionado Sr. contestou isso enfaticamente, o que fez com que passassem a pairar dúvidas sobre Dora.

Malgrado sua insistência com o pai para que rompesse com os K., aquele, alegando sua prestimosa amizade, sobretudo com a Sra. K., que sempre o ajudou em sua doença, não atendeu ao pedido da filha.

No curso do tratamento, Dora conta a Freud que quando tinha 14 anos o Sr. K. havia aproveitado um momento em que estavam sozinhos, num passeio em torno do lago, para agarrá-la e beijá-la nos lábios. Ao que ela fugiu com grande repugnância. Nesse período ela nada contou a alguém, continuou a se encontrar com os K., sobretudo com a Sra. K., com quem tinha uma ótima relação, e apenas passou a evitar ficar sozinha com o marido dela.

Mostrando de um modo bastante direto a dinâmica da posição histérica, Dora, ao falar desse episódio no tratamento, além de evidenciar o mecanismo de inversão do afeto, bem próprio ao comportamento histérico, no qual qualquer menção à excitação sexual acaba por despertar sensações desagradáveis, revela-lhe que ainda podia sentir em seu peito a pressão do abraço do Sr. K.. Donde Freud localiza um deslocamento de sensação, ou seja, onde deveria aparecer uma excitação sexual nos órgãos genitais surge uma sensação de nojo na zona oral, acompanhada de certa aversão aos alimentos. Quanto à pressão do abraço, a localiza no peito, o que para nosso autor indicava uma reação à percepção do pênis ereto do Sr. K. no momento do abraço, razão pela qual a moça fobicamente evitava o contato com qualquer homem que julgasse estar excitado sexualmente, a fim de não se arriscar a reavivar a percepção recalcada.

O que a histeria mostra é o quanto o corpo é cifrado, ou seja, é lugar de inscrição de mensagens significantes que jogam com o deslocamento de sensações de gozo. Por isso o corpo histérico, com o seu mapeamento sintomático, deve ser tratado como um sonho, ou seja, exige decifração.

Instigada a desenvolver o assunto sexual, Dora diz a Freud que acreditava que seu pai tinha um caso amoroso com a Sra. K. Esse, tendo sido certa feita encontrado sozinho com ela, justifica que ela o havia impedido de suicidar-se, o que para o nosso autor indicaria a introdução da simulação do suicídio de Dora, por meio da aludida carta de despedida. A moça, extremamente devotada ao pai e agora irada com ele, ressentia-se por acreditar que tinha sido entregue ao Sr. K. como prêmio para que ele tolerasse a situação.

A princípio, as relações de Dora com a Sra. K. eram as melhores possíveis. Chega a cuidar de seus filhos a fim de que esses não perturbem o romance de seu pai com ela. Essa, por sua vez, lhe dá pequenos presentes, passeia com ela e mesmo lhe mostra certos livros proibidos sobre assuntos sexuais. Essa harmonia se rompe diante do modo como se dá a investida amorosa do Sr. K.

Dora compartilhava com esse uma preocupação incomum com seus filhos, o que para nosso autor era elemento de encobrimento de outras emoções, mas, quando perguntada se estava apaixonada por ele, negou sumariamente. Seus acessos de tosse e afonia, entretanto, apontam, segundo Freud, na direção de suas suspeitas. Ela reconhece que tossia e perdia a voz quando o Sr. K. viajava; ao contrário da Sra. K., que adoecia quando o marido chegava. Assim, uma vez distante de seu amado, sua fala perdia o valor.

Agora, porém, a razão principal de suas manifestações sintomáticas era sensibilizar o pai para que esse se afastasse da Sra. K., ganho secundário visado com o adoecimento. Nesse contexto, Dora conta em seu tratamento um sonho recorrente.

> Em uma casa havia um incêndio. Papai estava em frente a minha cama e me acordou. Vesti-me rapidamente. Mamãe ainda queria salvar sua caixa de joias, mas papai disse: "Não quero que eu e meus dois filhos nos queimemos por causa da sua caixa de joias." Descemos depressa pela escada e logo que me vi do lado de fora, acordei. (FREUD, 1905, Vol. VII, p. 58.)[2]

No texto *A interpretação dos sonhos,* Freud sustenta a tese de que todo sonho é uma realização de desejo, ou seja, de que só um desejo que chegue até o inconsciente tem força capaz de formar um sonho, e busca demonstrar isso, ainda que a representação manifesta no sonho seja encobridora quando se trata de um desejo recalcado e de um desejo infantil. O sonho de Dora será revelador para

---

[2] Tradução livre.

ele. Embora aparentemente alheia à tese, a moça, convidada a falar sobre o sonho, traz diversos elementos que possibilitam ao nosso autor perceber, como num jogo de quebra-cabeças, movido por dados como restos de lembranças ocorridas durante o dia e pelas dicas fornecidas pela moça por meio de suas associações, que o desejo de substituir o Sr. K. pelo pai forneceu a força impulsora para a formação do sonho. De certo modo, a moça decidira fugir com o pai, mas na realidade, segundo Freud, ela estava fugindo para o pai. A angústia frente ao homem que a assediava convocou nela uma inclinação infantil pelo pai para que esse a protegesse de sua inclinação recente por um estranho. Assim, o propósito de fugir da casa, que teve relação com a casa dos K., na qual se hospedava e se encontrava em perigo, diante do assédio do Sr. K., por si só não seria formador de um sonho. Mas transformou-se nisso ao vincular-se a um propósito fundamentado em um desejo infantil, que o pai tomasse o lugar do homem que estava lhe trazendo tentação.

Um elemento valioso no trabalho de decifração desse sonho foi a caixa de joias. Com ela Dora fez algumas associações importantes. Lembrou-se de que em certa ocasião a mãe desejou ganhar do pai uma joia: um brinco de pérolas em forma de gotas. Porém, ele lhe trouxe uma pulseira. A mãe, irada, mandou que ele presenteasse uma outra mulher. Dora confessa a Freud que gostaria de ter recebido do pai o presente recusado pela mãe. Ela agrega ainda um outro elemento. Conta que recebeu do Sr. K. um precioso porta-joias. Entendendo a caixa de joias como uma metáfora do sexo feminino, Freud conclui que ela estaria pronta a dar ao Sr. K. o que sua mulher lhe recusava, ou seja, seu sexo.

Porém, na retomada que Lacan fará desse caso, o que ele sublinhará será o fato de que na verdade a caixa de joias designaria, antes, tudo aquilo que serve de objeto de troca na relação entre um homem e uma mulher. Ou seja, o enigma do dom entre homens e mulheres, que não é senão o dom como sinal de amor. Do alto de sua adolescência, Dora quer saber o que quer uma mulher e como essa pode acolher o que um homem pode querer dela. Isso efetivamente só pode fazer incendiar.

Na interpretação de Freud, a decisão de não ceder a essa tentação relacionava-se intimamente ao seu gozo sexual prematuro e às consequências dele, que se expressaram em sua infância por uma enurese que se estendeu excessivamente. Tal vivência foi supostamente atribuída à excitação decorrente do barulho advindo do quarto dos pais, com a respiração ofegante do pai, em que o sexual foi pressuposto nesses ruídos, trazendo excitação e provavelmente masturbação. Na reviravolta da sexualidade da menina é possível que a influência da excitação que provocou a inclinação à masturbação tenha sido substituída pela inclinação à angústia, na qual a dispneia e as palpitações seriam fragmentos isolados do ato do coito.

A incapacidade para o atendimento de uma demanda amorosa, que se configura frequentemente na histeria como repulsa ao sexo, de fato é um dos traços mais essenciais da neurose. Aquilo a que mais anseiam em suas fantasias é justamente o de que fogem com mais determinação quando lhes é apresentado na realidade. Assim, entregam-se às fantasias quando não precisam temer por sua realização. A barreira do recalcamento lhes protege, e o sintoma se apresenta ao mesmo tempo como retorno do que foi recalcado e defesa frente à sua realização, de modo a possibilitar uma satisfação, ainda que paradoxal, substituta daquela que se revelou inconciliável para o processamento psíquico do sujeito.

O caso de Dora é bastante paradigmático, de maneira a revelar tanto o modo pelo qual a neurose é afeita ao sonho, na medida em que se nutre da fantasia, em que o sexual tem um papel central, quanto o quão difícil é acordar para o que não é sonho. Esse "cair na real", como se diz na gíria, e sobretudo na "real" da realização sexual, é tudo aquilo a que a histérica mais se furta — ainda que possa fazer de conta que é mulher fatal e, "sem querer", dissociadamente, atrair para si toda sorte de impulsos libidinais.

No curso do tratamento, Dora leva para o analista um segundo sonho, que interrompe o trabalho três sessões após o relato.

Estava passeando por uma cidade que não conhecia, vendo ruas e praças que me eram estranhas. Depois cheguei a uma casa onde eu morava, fui até meu quarto e encontrei uma carta de mamãe. Ela escreve que, como eu saíra de casa sem o conhecimento de meus pais, ela não quisera escrever-me que papai estava doente. "Agora ele morreu, e se quiser você pode vir." Fui então para a estação e perguntei umas cem vezes: "Onde fica a estação?" Recebia sempre a resposta: "Cinco minutos." Vi depois à minha frente um bosque espesso no qual penetrei, e ali fiz a pergunta a um homem que encontrei. Disse-me: "Mais duas horas e meia." Pediu-me que o deixasse acompanhar-me. Recusei e fui sozinha. Vi a estação à minha frente e não conseguia alcançá-la. Aí me veio o sentimento habitual de angústia de quando, nos sonhos, não se consegue ir adiante. Depois, eu estava em casa; nesse meio tempo, tinha de ter viajado, mas nada sei sobre isso. Dirigi-me à portaria e perguntei ao porteiro por nossa casa. A criada abriu para mim e respondeu: "A mamãe e os outros já estão no cemitério." (FREUD, 1905, Vol. VII, p. 83.)[3]

Apesar de a abrupta interrupção da análise ter prejudicado a exploração do sonho, esse, além de alguns outros conteúdos, revelou uma importante relação com a cena do lago, que era aquela em que o Sr. K. havia lhe feito uma proposta amorosa. Dora retoma essa cena, contando que havia dado uma bofetada no Sr. K. e havia saído às pressas, logo que esse lhe disse algo sério que ela mal entendeu, e que pelo visto fornece a chave da reviravolta na posição da moça frente aos K. Curiosamente, lembrou-se apenas de algumas frases ditas pelo Sr. K., como: "Sabe, nada tenho com minha mulher." Foi então quando lhe deu a bofetada e lembra-se de que, tentando fugir dali, encontrou um homem a quem perguntou sobre a distância para sua casa, ao que esse lhe respondeu, tal como apareceu no sonho: "Duas horas e meia." Dora então volta ao barco e encontra o Sr. K., que ainda estava lá. Esse lhe pede desculpas e solicita que não conte nada do ocorrido a ninguém.

---

[3] Tradução livre.

O surgimento da relação do sonho com a cena do lago levou Dora a acrescentar uma outra parte do sonho na qual ela, ao chegar a casa, teria ido calmamente para o quarto e se posto a ler uma enciclopédia que estava em sua escrivaninha. Na época esse tipo de livro não era recomendado para jovens e crianças, pois tratava de assuntos proibidos, que eram certamente de cunho sexual. Mas o sonho altera essa proibição incômoda. Já que o pai estava morto e os outros haviam saído para o cemitério, ela podia ler calmamente. Ponto que, na leitura do analista, indicava uma vingança contra a coerção exercida pelos pais e a vitória de então poder ler e amar como quisesse.

Quando perguntada sobre suas leituras na enciclopédia, Dora menciona ter querido saber sobre apendicite, uma vez que um primo estava com tal doença. Mas confessa depois que não se restringiu a ver apenas isso, tendo se ocupado também em pesquisar assuntos sexuais. Diante do que Freud suspeita ser uma produção histérica relativa a uma apendicite da qual ela mesma sofreu posteriormente, conseguindo para si uma doença que lera na enciclopédia e que lhe trouxe como sequela uma inexplicável dificuldade de caminhar. Nesse contexto, qual não é sua surpresa quando, ao perguntar se a apendicite tinha ocorrido antes ou depois da cena do lago, a analisanda lhe respondeu: "Nove meses depois." O que na visão do analista revelou a apendicite como a fantasia de um parto, circunscrita com dores e fluxo menstrual, e em que a dificuldade do andar indicava o "mau passo" por ela dado e que teria trazido por consequência esse parto nove meses depois.

Dora recusa essa interpretação de Freud, não aceita o que esse lhe dá e responde com desdém à correlação entre o parto e a apendicite, dizendo-lhe que aquele diagnóstico não havia sido grande coisa e, na sessão seguinte, deixa a análise. Segundo Freud, ela o abandona, vingando-se, dado que teria se sentido abandonada pelo Sr. K., que depois da bofetada não mais insistiu com seus intentos.

Freud analisa esse segundo sonho de Dora como uma cartografia do corpo feminino, uma "geografia sexual simbólica". Parece que esse fragmento do sonho, essa lacuna, só revelada num segundo tempo, indicava a reincidência de sua questão sobre o enigma da representação do feminino, que ela tenta preencher sexualizando o saber, dirigindo-se ao livro dos assuntos proibidos. Buscando o corpo do saber que a enciclopédia encerra, Dora queria saber sobre o corpo, mas basicamente sobre corpo feminino, ou sobre o indizível da feminilidade.

Porém, Freud, que reconhece sua falta de jeito no manejo da transferência nesse processo analítico, percebe que se apressou em responder para Dora, que se dirigia a ele de modo similar ao que se dirigia à enciclopédia. Porém, se assim o fazia, não era para que ele a respondesse como um mestre da verdade, mas sim sustentasse seu desejo de saber, malgrado o fato de a esse desejo associar-se, contraditoriamente, também um não querer saber. A histérica faz o outro desejar, sobretudo desejar saber o mistério que ela encerra em si mesma. Por isso coloca-se como enigma para o outro decifrar, mas o que ela quer com isso é que esse enigma seja relançado, jamais estancado. Por isso, se um mestre se arvora a essa empreitada, não lhe resta outro caminho do que destituí-lo de sua vã pretensão, em nome da defesa do desejo, que deve seguir tal como é em sua natureza, ou seja, insatisfeito.

Conforme ele mesmo comenta em sua autocrítica, para que Dora pudesse se apropriar de suas questões, a fim de poder se reposicionar frente a elas, seria preciso que ele tivesse se assenhorado da transferência, ou seja, do investimento libidinal que lhe foi dirigido enquanto médico, reeditando toda uma série de vivências psíquicas anteriores, para a partir daí fazer o manejo necessário. Por seu manejo, a transferência de obstáculo ao tratamento se converteria em poderoso auxiliar para esse.

Em suas interpretações, Freud havia privilegiado por demais a importância do Sr. K. dentro da lógica direta: uma mulher para um homem, um homem para uma mulher. Porém, ele logo se aperceberá de que a questão era bem mais complexa. Para Dora, suas indagações sobre o que é ser uma mulher eram de tal forma importantes — e, nesse sentido, queria saber tão avidamente como uma mulher pode ser amada por um homem, como é comum na histeria — que no quarteto que constituía com seu pai e o casal Sr. e Sra. K. considerava essa última como aquela que deteria a chave do enigma da feminilidade e, com isso, lhe conferia uma condição de suma importância. Razão pela qual toda e qualquer relevância que o Sr. K. tinha para ela cai por terra no momento em que esse, na cena do lago, lhe diz que nada tem com a mulher. Ou seja, mostra-se como alguém que não lhe facultará qualquer acesso à feminilidade, que era o que a Sra. K. significava para ela.

Freud diz mesmo ressentir-se de não ter atinado na importância da paixão homossexual de Dora para com a

Sra. K. Porém Lacan, retomando esse caso a partir dos escritos de Freud, virá sublinhar a dimensão identificatória nele implicada. Essa identificação aparece orientada por uma dupla polaridade, tanto em sua vertente feminina — quando toma a Sra. K. como paradigma da mulher desejável, aquela que em sua fantasia sabe se fazer desejar não apenas por seu marido, mas também por seu amantíssimo pai — quanto em sua vertente fálica, masculina, via uma inversão identificatória, demarcando a posição da Sra. K. do ponto de vista de um homem, ou seja, desejando histericamente o desejo do Outro, faz as vezes de homem.

A suposta homossexualidade de Dora não configurava propriamente uma escolha de um objeto amoroso do mesmo sexo, mas sim indicava o que pode ser chamado de uma homossexualidade de base, referida à relação da menina com a mãe, antes que essa se volte para o pai, como terceiro, na dinâmica edípica. E nesse contexto sugeria para uma problematização da identificação feminina necessária a essa troca de objeto, da mãe pelo pai, o que vem a causar todo tipo de impasse, confundindo identificação com escolha de objeto amoroso. Assim, a paixão de Dora pela Sra. K. era a configuração de sua paixão não propriamente pela pessoa dela, mas pelo feminino que representava, facultando-lhe um acesso que sua mãe não lhe possibilitou. Dado que o que Dora queria apreender por meio da Sra. K. era como é possível se fazer desejar pelos homens, ela atribuía esse saber à Sra. K., na medida em que ela, além de ter o marido, tinha também o amor de seu pai. Isso lhe conferia valor fálico, revelando de que modo o feminino referido à privação — não apenas de pênis na comparação dos corpos, mas de uma representação psíquica que indique o que ele é — pode funcionar como a chave do enigma da captura do desejo.

Tratava-se, portanto, de uma paixão identificatória pela Sra. K., na busca da enigmática dimensão feminina de seu próprio posicionamento na divisão dos sexos. É conhecida a frase de Simone de Beauvoir "Ninguém nasce mulher, torna-se." Pois bem, a elaboração desse tornar-se mulher é certamente bem mais complexa do que o fazer-se homem, na medida em que esse encontra, na presença do pênis em seu corpo, um elemento imaginário prevalente no qual apoiar sua representação de masculinidade. Razão pela qual um homem em sua identificação masculina se apoia na apropriação que faz do próprio pênis. Uma mulher o interessa tanto mais na medida em que ela faculta-lhe essa apropriação, elevando, efetivamente, seu pênis à dignidade de elemento que indica a suposta possibilidade de dar consistência ao seu ser, seu ser masculino. O pênis tomado imaginariamente como falo serve de unidade de medida de seu valor enquanto sujeito.

O caminho para a feminilidade é bem mais tortuoso. A mais rasa evidência revela, não apenas pela escuta das mulheres, mas também pela observação das meninas, que na comparação dos corpos é uma ausência que se impõe, no lugar onde o pênis se apresenta de modo prevalente. O psiquismo do sujeito, para dar conta do feminino, não dispõe de um elemento imaginário que tenha a prevalência do pênis. Restam-lhe arranjos simbólicos, que vão lhe exigir operações bem mais complexas, podemos dizê-lo, operações metafísicas. Daí o feminino apresentar-se por tantas máscaras, tantos apensos, tantos acessórios que velam o furo real, inerente ao mistério da vida que ele põe em cena.

Diante disso, a histeria é uma das saídas possíveis. Vale-se da emergência de uma identificação viril, com o pai, para capturar dele a orientação de seu desejo no campo sexual, e serve-se ainda de uma prática inquiridora fisgada pelo enigma do feminino, enigma do que é uma mulher, que movimenta o campo do saber. Assim, uma histérica pode fazer-se de homem para melhor acercar-se do feminino que escapa e acossa.

Isso inclusive justifica por que tantas mulheres têm a "sina" de só se interessar por homens comprometidos. Ou seja, só poderem se sustentar como mulheres tomando como suporte a outra, aquela que supostamente lhes serve como medida possível para o acesso impossível a sua própria feminilidade. Em tais casos, é bastante comum que o homem deixe de aparecer como desejável caso se mostre não desejante da outra, caso venha a deixar de funcionar como intermediário para que a histérica possa, identificando-se com esse desejo, se olhar no espelho da outra, como condição de possibilidade de sustentar-se como uma mulher. Da mesma forma, um homem pode passar de alguém indiferente a alguém sumamente atraente, dependendo de seu endereçamento à mulher que o acompanha.

De todo modo, a histérica sabe que não tem o falo e age de modo a situá-lo como significante último do desejo, que deve ser reconhecido, mas jamais satisfeito. O primado do falo é a apologia do significante sobre tudo o que vem do orgânico, sobre tudo o que seria da ordem da necessidade. O recalque é o processo pelo qual esse primado do falo se faz operante, demarcando a fronteira entre a necessidade e o desejo.

Dora insistia em queixar-se do pai, ao mesmo tempo em que sua tosse persistia reiteradamente. Insistia também que a Sra. K. só amava seu pai porque ele era um homem de posses, segundo suas palavras. Porém, tal insistência dá a perceber a Freud a existência de um sentimento oposto oculto, que seu pai era um homem sem recursos, ou seja, impotente — o que Dora confirmou em função das incontáveis doenças pelas quais esse havia sido acometido. Isso então lança questões quanto ao modo de comércio sexual mantido entre ele e sua amante, ao que Dora adverte que sabia de outras maneiras pelas quais se podia obter gratificação sexual. Freud questiona então se ela não estaria pensando exatamente naquelas partes do corpo que, em seu caso, encontravam-se irritadas, ou seja, a garganta e a cavidade oral. Num primeiro momento Dora resiste a essa interpretação, porém, quando pouco tempo depois a aceita, curiosamente sua tosse desaparece.

Como Freud evidencia, a natureza de múltiplas determinações de um sintoma implica também múltiplas significações, que não necessariamente precisam ser compatíveis. Cabe investigar a matéria que deu margem a todas as fantasias. Por exemplo, é sabido que a membrana mucosa dos lábios e da boca é considerada uma zona erógena primária. No caso acima citado, o fato de Dora ter mencionado ter sido uma chupadora de dedo compulsiva na infância, e seu pai lhe ter cortado esse hábito quando ela estava com 4 ou 5 anos, revela uma importante condição prévia somática — fundamental para incrementar a criação de fantasias que potencializam o erotismo dessa região, fazendo com que ela passe de região erógena à região histerógena, conforme comentamos anteriormente.

O processamento das excitações, certamente, não é uma tarefa fácil para o psiquismo. A histeria vem referir-se a um excesso de excitação, que num primeiro momento é identificada por Freud como a resultante de um evento traumático, cuja lembrança se autonomiza e age como um corpo estranho no psiquismo. Isso levará Freud a dizer que as histéricas sofrem de lembranças cujas excitações a elas ligadas não puderam ser descarregadas, ab-reagidas, nem de modo verbal nem de modo somático, porque as representações traumáticas a elas associadas estavam ausentes, interditadas ou eram insuportáveis. O que veio a evidenciar a existência de uma divisão psíquica por meio da qual representações incompatíveis com o Eu ficariam recalcadas, numa instância alheia à consciência, que, como sabemos, veio a ser denominada inconsciente.

A ideia da existência factual de um evento traumático cederá lugar à concepção da fantasia e da dimensão traumática do sexual enquanto tal. No caso da histeria haveria um apelo a que a representação recalcada venha se alojar no corpo, que de modo algum é tomado como meramente biológico, mas como mapeado pelos representantes pulsionais. A pulsão sexual se manifesta por um puro afeto, que é a angústia. Termos como afeto, sentimento, emoção aparecem de certo modo como equivalentes na obra freudiana, mas quando a referência é a excitação, parece que a ênfase recai sobre certa energia de investimento, certa intensidade psíquica que não tem como deixar de aludir a certa quantidade. Parece que a menção à excitação parece abordar o afeto em seu fator também quantitativo, o que fica mais evidente quando é utilizada a expressão "montante de afeto".

Sobre o que é o afeto no sentido dinâmico, Freud nos explica na 25ª das "Conferências de Introdução à Psicanálise". Ele dirá que o afeto inclui determinadas inervações motoras, certas sensações, que tanto são percepções das sensações motoras ocorridas como de sensações de prazer e desprazer que dão ao afeto seu tom dominante. Posteriormente, no texto "O recalque" complementará dizendo que o montante de afeto corresponde à pulsão, que, liberada da representação, torna-se registrável para a sensação como afeto. Os afetos funcionam, portanto, como quantidades deslocáveis, e sua relação com as pulsões endossa a conexão indissociável entre o psíquico e o somático. Porém, essa conexão goza de uma complexidade dinâmica que para ser mais bem entendida precisamos ver o que Freud nos ensina em sua teoria das pulsões.

As pulsões, o conflito e a insatisfação histérica

A teoria das pulsões passou por diversos momentos na obra freudiana, mas sempre esteve calcada, segundo Freud, na hipótese de uma dualidade psíquica inerente ao ser humano e implicando, portanto, a existência do conflito entre forças contraditórias motrizes do psiquismo.

Ele considerou a pulsão um dos conceitos fundamentais da psicanálise. Chegou a identificá-lo como "nossa mitologia". Esse conceito foi vestido ambiguamente por diversos tradutores. A palavra usada por Freud, *Trieb*, foi traduzida por *instinct* em inglês, causando o equívoco de atribuir-lhe uma conotação biológica. Freud algumas poucas vezes se referiu efetivamente a *instinct*, mas não no mesmo sentido que pulsão. O significado de *Trieb*, termo correntemente usado por Freud, encontra-se mais próximo de *drive* (impulso) ou *urge* (ânsia). Grosso modo, a pulsão vem a ser para o humano o que é o instinto para os animais, mas, diferentemente desse, não tem objeto específico para sua satisfação e orienta-se, como referimos acima, por tendências antagônicas que dominam o psiquismo.

Apesar das mudanças na teoria das pulsões, Freud a considera sempre dualista. Primeiramente, o dualismo proposto era aquele já enunciado pela literatura, que frequentemente opõe a energia despendida nas questões da fome àquela dispensada às questões do amor. Tal dualidade se traduz para Freud na hipótese da existência de duas modalidades de pulsões que governariam o psiquismo: pulsões do eu, ou de autopreservação, vistas como dessexualizadas, e pulsões sexuais, ou de preservação da espécie.

Com a introdução do conceito de narcisismo, que implica o reconhecimento de que há pulsões sexuais dirigidas ao próprio eu, dado que há um amor que o eu dirige a si mesmo, Freud introduz uma modificação na expressão do dualismo, enunciando-o agora como libido do eu — investimento sexual dirigido ao próprio eu — e libido objetal — investimento sexual dirigido aos objetos. O termo libido refere-se à energia da pulsão sexual em sua expressão manifesta. Possui tanto um caráter quantitativo quanto qualitativo.

Mais tarde, em "Além do princípio do prazer", o dualismo novamente se modifica, agora mais efetivamente, por meio da hipótese da existência de pulsões de vida (*Eros*) e pulsões de morte (*Tanatos*). Essa hipótese, que Freud sustentará até o fim de sua obra, nos trará grandes esclarecimentos para melhor entendermos a complexa relação entre prazer e dor, que opera no estranho ganho propiciado pelo sintoma, no nosso caso, sintoma histérico por excelência.

Faz-se importante sublinhar que sexual em psicanálise tem um sentido bem mais amplo do que em outras áreas. Em vez de dizer respeito apenas ao ato sexual e à produção de determinadas sensações de prazer nos órgãos genitais, passou a abarcar tudo o que se refere ao endereçamento de um sujeito ao outro. O que vai implicar inclusive a atividade de representar, de falar e tudo que se refere às operações da linguagem, porque, afinal, a linguagem é meio de acesso ao outro. Essa ampliação favoreceu que se pudesse falar também de vida sexual infantil, tal como se fala da adulta e da perversa.

Para explicar a atividade sexual nos animais, a biologia dispõe do termo instinto. O instinto sexual atua como responsável pela reprodução e, portanto pela perpetuação da espécie. O instinto, entretanto, não dá conta de elucidar a complexidade da sexualidade humana. Por isso Freud lança mão deste outro termo — pulsão.

Nessa perspectiva, o conceito de pulsão estaria problematicamente situado na fronteira entre o psíquico e o somático, expressando, assim, a especificidade da sexualidade humana, que nem de longe encontra na biologia explicações plausíveis para a diversidade de suas formas de manifestação.

A noção de apoio, *Anlehnung*, como referente à hipótese de que a pulsão se apoiaria no instinto para desviar-se dele, fazer-se independente, uma vez que ela foge do objetivo natural do instinto, vem sublinhar que a finalidade da pulsão não é natural no sentido biológico do termo.

Esse desvio do "natural", que se expressa de maneira tão patente na perversão, vem mostrar o quanto essa última participa com maior ou menor intensidade de todos nós, sobretudo na vida sexual. Aliás, essa ideia de "natural", ou de "natureza", no que se refere à pulsão é problemática até para marcar um ponto de desvio. Isso porque o conceito de pulsão em Freud refere-se efetivamente a uma dimensão que se situa aquém da representação; embora só pela representação possa ser identificada, sua procedência é o corpo. Entretanto, aqui não se trata do corpo biológico, em sua materialidade, mas sim de uma dimensão de intensidades relativas ao corpo enquanto mapeado, cartografado, pelo desejo do cuidante que dele se ocupou, conforme comentamos acima, num processo de erogeneização, promovendo a sexualização desse corpo e, portanto, sua apreensão no campo da linguagem.

Julgamos que é isso o que Freud tenta nos esclarecer quanto à relação entre pulsão e representação no texto "O inconsciente". Define sua posição dizendo que, no que se refere à pulsão, a oposição entre consciente e inconsciente não tem sentido. A pulsão é efetivamente alheia à consciência, somente seus representantes podem se fazer notar. Só se pode saber dela se ela adere a uma representação ou se expressa por um estado afetivo. De modo que falar de pulsão inconsciente ou recalcada é apenas uma licenciosidade de expressão.

Na análise do caso Schreber, feita a partir do livro *Memórias de um doente dos nervos*, Freud avança passos importantes em sua teoria do dualismo pulsional. Enfatiza a ideia de que a libido percorreria um caminho que iria do autoerotismo ao amor objetal — amor por objetos externos — passando pelo estabelecimento do narcisismo, responsável pela constituição do eu fundado na imagem corporal.

No autoerotismo ainda não teria sido edificada essa diferenciação entre o eu e o mundo externo. Nele o bebê fruiria de sensações dispersas de partes do corpo, como boca, mãos, pés, dedos, não unificadas num todo corporal. Essa configuração do corpo unificado é o que se denomina de narcisismo. O autoerotismo e o narcisismo seriam governados pelo princípio de prazer. O narcisismo, constituindo-se como fundamento necessário a uma posterior eleição de objeto, traria para tal eleição a característica de que essa, fundamentada na busca do igual indicada pela posição narcísica, se dirigiria, nessa perspectiva, à eleição de um objeto idêntico. Tal eleição seria portanto, a princípio, homossexual.

Nosso autor salienta que alcançar a eleição heterossexual de objeto não significa fazer desaparecer ou suspender as aspirações homossexuais. Essas são apenas desviadas de seu fim sexual e orientadas para outros novos. Associam-se a elementos das pulsões do eu para fundamentar com eles as pulsões sociais e gerenciar desse modo a contribuição do erotismo à amizade, à cordialidade, ao sentido comunitário que implica um amor universal pela humanidade. Desvela com isso as contribuições de fontes eróticas com inibição de seu fim sexual, atuantes na edificação das relações sociais. O que certamente não é alheio à intensa sensibilidade histérica para a qual, como observamos anteriormente, o processo de escolha do objeto amoroso e o processo de identificação se imbricam num jogo que bem revela a complexidade de tais escolhas.

Será a frustração decorrente do comportamento autoerótico da sexualidade que forçará a instituição do princípio de realidade. Porém, vários fatores contribuem para que a pulsão sexual fique detida mais tempo no domínio do princípio de prazer, com consequências graves para a vida amorosa do sujeito.

A teoria das pulsões seguirá na obra freudiana dando grande ênfase ao princípio de prazer até 1920, quando então surge o texto "Além do princípio do prazer". O que nele é proposto é que além do princípio de prazer, ou, talvez melhor dizendo, aquém do princípio de prazer, situa-se a pulsão de morte. Com a introdução dessa nova concepção de dualismo pulsional — pulsão de vida e pulsão de morte — chegamos à radicalidade da concepção dualista da pulsão, uma vez que essa havia ficado atenuada com a introdução do conceito de narcisismo, que veio a implicar uma sexualização das pulsões de autoconservação e a dirimir uma verdadeira oposição às pulsões sexuais no psiquismo.

Freud retirou a hipótese da existência de uma pulsão de morte de sua experiência clínica ao verificar, diante da resistência ao tratamento, que o psiquismo certamente não era orientado apenas pelo prazer, senão também por algo bastante contrário a esse, ou pelo menos norteado por uma modalidade de satisfação bastante paradoxal, e não conseguia encontrar explicação para isso em qualquer teoria filosófica ou psicológica.

Havia anteriormente suposto em "Projeto de uma psicologia", de 1895, publicado postumamente, baseado na psicofisiologia em voga na época, que o prazer dizia respeito a uma diminuição da quantidade de excitação existente no psiquismo e o desprazer a uma elevação de tal quantidade de excitação. O psiquismo tenderia, portanto, a conservar baixa a excitação existente para perdurar o prazer. O princípio de prazer derivaria, então, do princípio de constância ou da tendência à estabilidade postulada por Fechner.

Porém, é a observação da insistência do desprazer no psiquismo que forçará Freud a pensar na inexatidão do domínio do princípio de prazer nos processos psíquicos. A perturbação desse domínio já estava de certo modo apontada com a introdução do princípio de realidade, que, embora se revelasse como uma postergação do prazer, já introduzia algo de diferente desse. Ou seja, se a realidade tem alguma relação com o real e com o osso da confrontação com o impossível que esse traz à cena, mostrando que as coisas não estão à nossa disposição conforme gostaríamos, o princípio de realidade já indica algo diferente do prazer.

Freud, observando as neuroses traumáticas, ou seja, neuroses desencadeadas por acidentes graves, verifica a violência e a persistência das impressões do trauma que invade até os sonhos do paciente. A guerra tinha incrementado em muito a existência de tais casos.

Ele tinha a hipótese, elaborada ainda em 1900 em sua *Interpretação dos sonhos*, de que a única coisa que poderia colocar o aparelho psíquico em funcionamento para a produção do sonho seria o desejo. O sonho seria, portanto, uma realização do desejo.

Seguindo esse raciocínio, interpretou, a princípio, a insistência da repetição do trauma no sonho como uma tentativa do sonhador de, via essa repetição, conseguir dominar seu efeito patógeno. Entretanto, isso não o satisfez e o fez recordar as misteriosas tendências masoquistas do eu. Ele verificará a existência da compulsão à repetição no psiquismo como um processo bastante primário e persistente no homem.

Pensando acerca dos jogos infantis, observa certa vez seu netinho de um ano e meio que falava ainda bastante mal. Era um menino muito dócil e lhe chamava a atenção o fato de ele não chorar quando sua mãe o deixava por um longo tempo, mesmo demonstrando por ela muito carinho. O curioso era o jogo a que se dedicava durante esse tempo em que ficava sozinho. Tendo um carretel atado em um cordão, jogava-o inúmeras vezes embaixo da cama ou em algum canto, onde sumia de sua visão, emitindo conjuntamente um som O-O-O-O, que significava, tendo sido confirmado pelo próprio menino,*"fort"*, ou "fora", em português. E depois, puxando o cordão, ele emitia um alegre *"da"*, *"aqui"*, em nossa língua. O interessante é que a primeira parte do jogo era incansavelmente repetida, embora fosse a segunda parte a que visivelmente lhe proporcionava maior prazer.

A interpretação de Freud atribuída ao jogo do *"fort-da"* era de que cumpria sua função de cultura, permitindo ao menino uma renúncia à satisfação da pulsão, ao possibilitá-lo deixar a mãe sair sem resistência. Encenando por si mesmo, com objetos que encontrava a seu alcance, o desaparecimento e retorno da mãe, o menino se compensava da falta que sentia dela.

Porém, a maior ênfase na repetição daquilo que lhe proporcionava menor prazer, o desagradável, permanecia um enigma. Algumas hipóteses, como por exemplo a de que o menino poderia encontrar prazer em viver ativamente o que sofria passivamente, além de outras, foram tentadas com pertinência, mas nessas perdurava o domínio do princípio de prazer e o que Freud vislumbrava era a existência de tendências mais primitivas e independentes desse.

A observação da compulsão à repetição, expressa na clínica especialmente por meio do anteriormente mencionado fenômeno da transferência — processo no qual o paciente repete especialmente com seu analista os afetos vividos em relação aos protótipos infantis, tratando-se de uma atualização de desejos inconscientes —, trouxe-lhe algumas elucidações. São muitas vezes situações afetivas dolorosas e eventos indesejáveis que são incansavelmente ressuscitados e que implicam com frequência a interrupção do tratamento, como no caso Dora, por exemplo, embora a transferência seja essencial para o processo analítico.

Com relação ainda à compulsão à repetição, Freud salienta que conhecemos não raro pessoas que se veem sempre envolvidas nas mesmas situações: filantropos acometidos por repetidas ingratidões, homens que são sempre traídos, amantes cujas relações têm sempre o mesmo desenlace. Nesses casos o "eterno retorno do mesmo" vem referir-se a fatos que incidem numa conduta ativa do sujeito na preparação de seu destino, e não, propriamente, numa fatalidade.

Freud conclui pela suposição de que na vida psíquica existe realmente uma compulsão à repetição que se instaura mais além do princípio do prazer, observável tanto pela fatalidade no destino dos homens quanto pela sua conduta na transferência, e ainda pelos sonhos dos doentes de neurose traumática e pela impulsão ao jogo na criança.

Com isso a compulsão à repetição fica como fundamento para a hipótese da existência de uma pulsão mais primitiva e elementar do que a que implicaria o domínio do princípio de prazer. Porém, Freud julga de fundamental importância pensar as relações entre a compulsão, a repetição e o princípio de prazer.

No manuscrito de 1895, "Projeto de psicologia...", texto bem anterior ao que estamos por ora abordando, Freud havia se referido ao princípio do prazer-desprazer, relacionando-o a um automatismo destinado ao escoamento de certa quantidade de energia, que ao descarregar-se proporcionaria prazer e seu acúmulo, desprazer.

Essa identificação do prazer com a descarga de excitação fará com que Freud, em *Além do princípio do prazer*, chegue mesmo a pensar na relação do prazer com a ausência de excitação referida em último termo à morte, inércia absoluta.

Em tal relação estaria presente a ideia de que uma pulsão seria o esforço inerente ao orgânico vivo visando à reprodução de um estado anterior, que teve de ser abandonado pelo influxo de forças perturbadoras externas. A pulsão seria, portanto, em primeiro termo, uma espécie de exteriorização dessa inércia na vida orgânica, o que faz dela, em primeiro plano, pulsão de morte.

Diante disso, ficando as pulsões como tendentes a uma regressão ou retorno ao passado, toda evolução rumo à vida seria dependente de fatores perturbadores exteriores, como o estabelecimento de laços amorosos. Em princípio, o "antes não ter nascido" mencionado pelo coro na tragédia *Édipo Rei*, de Sófocles, parece bem expressar essa tendência pulsional elementar, na qual o vivo teria resistido a transformar-se e, mantendo as condições idênticas, tenderia a repetir sempre um mesmo curso de vida.

Dessa forma, a meta de toda vida seria a morte, a volta ao ponto de partida, o inanimado. Porém, é importante ressaltar que as pulsões de autopreservação, já mencionamos anteriormente, buscariam assegurar que tal caminho de retorno não fosse executado senão naturalmente, repudiando então, energicamente, situações de perigo ou acidentes que pudessem encurtar o trajeto. O esforço interno ao ser vivo em direção à morte se rebelaria contra toda a intervenção de fatores externos precipitadores. Esse esforço de retorno ao inorgânico, inerente a todo ser vivo, será aqui o que Freud denominará como pulsão de morte. A pulsão de vida atuaria, então, não no sentido de evitar a morte, mas no sentido de cuidar para que essa não intervenha acidentalmente por vias não naturais.

Quanto mais complexos se tornam os organismos, mais voltas teriam de ser dadas para esse retorno ao inanimado, mais complexo se tornaria esse processo.

Será a explicitação das pulsões sexuais, não mais em oposição às pulsões de autopreservação, mas em composição com elas, que dará o sentido mais preciso do que será chamado por Freud pulsões de vida. Se as pulsões de autopreservação tendem a conservar o organismo mantendo seu padrão de repetição, as pulsões sexuais buscam preservar o organismo do perigo de fatores externos que pudessem interferir no trajeto normal para a morte.

Mais tarde, em "O problema econômico do masoquismo", de 1924, Freud, que havia anteriormente relacionado todo incremento de excitação ao desprazer e toda diminuição ao prazer, percebe que por esse raciocínio o prazer acabaria por atuar inexoravelmente na direção da pulsão de morte, no retorno à estabilidade do estado inorgânico. Com isso, arrisca aproximar-se novamente de um monismo pulsional, dado que dessa forma toda pulsão estaria a serviço, em última instância, da pulsão de morte. Tal percepção faz com que Freud reconheça uma inexatidão em sua hipótese, uma vez que existem determinadas excitações, como, por exemplo, a excitação sexual, que representam estados prazerosos de tensão. Pressupõe, portanto, que na questão do prazer-desprazer não está presente apenas o fator quantitativo. Há aí, indubitavelmente, um fator de natureza qualitativa, talvez relacionado ao ritmo, à ordem temporal das modificações na quantidade do estímulo.

Sugere então o princípio de prazer como uma modificação do princípio de nirvana proposto por Barbara Low. Esse último, adscrito à pulsão de morte, se transformaria em princípio de prazer nos seres animados, por influência da intervenção da pulsão de vida ou libido. A libido se coloca lado a lado com a pulsão de morte para a regulação de processos da vida. Ao princípio do prazer caberia, portanto, a função não de encaminhamento para a inércia psíquica, mas de equilíbrio de excitações no ofício de guardião da vida.

Em síntese, teríamos o princípio de nirvana, expressando a tendência da pulsão de morte; o princípio de prazer, representando as exigências da libido; e o princípio de realidade, representando a intervenção do mundo externo. Tais princípios não se excluem uns aos outros, embora conflitos estejam fadados a aparecer ocasionalmente devido à diferença dos objetivos.

As manifestações observáveis nos seres humanos em direção à perfeição, à realização intelectual e à sublimação ética seriam justificadas por Freud não por uma tendência interna do homem em direção à evolução, mas por uma tendência proveniente de estímulos exteriores.

Freud reconhece a dificuldade de prescindirmos da crença de que no homem haja uma pulsão de aperfeiçoamento que o encaminhará aos mais elevados níveis de rendimento espiritual e sublimação ética, mas, em sua observação, não vê qualquer caminho que permita essa "consoladora ilusão".

O impulso para a perfeição observado em uma minoria de homens poderia ser compreendido como uma consequência do recalque das pulsões, mecanismo valioso para o desenvolvimento da civilização. Mas como as formações, substitutivas e reativas, bem como as sublimações, são insuficientes para calar a tensão permanente, devido à diferença entre o prazer da satisfação encontrado e o pretendido, a pulsão recalcada segue "indomada", cobrando a sua total satisfação, que consistiria na repetição de uma vivência primária de satisfação. O caminho para trás, para a satisfação plena, é obstruído pelas resistências que mantêm de pé o recalque, num trabalho de manutenção da tensão indispensável à continuidade da vida.

O medo experimentado pelo homem diante da possibilidade de algum nível de satisfação de um desejo, percebido de maneira caricatural na conhecida insatisfação histérica, ilustra esse raciocínio.

Há um caso freudiano apresentado na *Interpretação dos sonhos*, intitulado por Lacan como "a bela açougueira", que serve de maneira exemplar para a identificação desse verdadeiro culto ao desejo insatisfeito, praticado privilegiadamente pelas histéricas, revelando a maneira como se observa nessa modalidade de estruturação subjetiva um jogo de identificações evidenciador de como na histeria se ama por procuração. Ou seja, se ama aquilo que se apresenta como objeto do desejo do Outro, que então se coloca como o que sustenta a sua demanda. O conhecido aforismo lacaniano "O desejo do homem é o desejo do Outro" busca dar uma formulação a essa dinâmica que opera em todos, mas que aparece de modo amplificado na histeria. Essa se apresenta, portanto, como paradigma da condição de todo humano. Justificando, pelo visto, a sabedoria do dito popular que assevera que a galinha do vizinho é sempre mais saborosa do que aquela que temos na nossa mesa.

O caso mencionado focaliza um sonho relatado por uma paciente de Freud. Ela conta que queria oferecer um jantar, mas a única coisa que tinha em casa era um pequeno pedaço de salmão defumado. O pior é que era domingo e as lojas estavam fechadas, de modo que não poderia fazer compras. E ainda por cima, criando mais um obstáculo para o seu intento, o telefone estava quebrado.

Com esse sonho, a paciente tinha por intenção contestar a teoria freudiana de que o sonho é uma realização de desejo — único elemento capaz de fazer trabalhar o psiquismo em seu momento de repouso. Essa atitude de contestação é, aliás, um dos traços bastante presentes no modo de proceder das histéricas, indicando a ambivalência presente em seu modo de aquiescer ao Outro, basculando entre se mostrar subsumida por ele ou dedicada a contestá-lo. O que evidencia uma operação bem conhecida pelos analistas na qual são erigidos pelas histéricas à condição de mestres, para dela serem depostos em seguida. Freud demonstra um belo manejo da transferência quando não se contrapõe à analisanda. Ou seja, não responde como mestre, mas sim acata sua contestação, e a interroga quanto ao porquê da menção a esse desejo e não a outro, no sonho.

Essa moça, que era casada com um açougueiro, quanto ao elemento "jantar" presente no sonho, recorda-se de que seu marido comentou com ela que, como queria emagrecer, não aceitaria mais convites para jantar. E, mostrando a complexidade de sua relação com o desejo, acrescentou ainda que, embora adorasse sanduíche de caviar, pediu ao marido, como prova de amor, que não lhe desse mais disso.

A temática da criação de um desejo não realizado vem a ser a tônica da lida com o desejo na histeria. Porém, um desejo não realizado vai indicar, ainda assim, a realização de outro. Isso fica patente quando se focaliza o aparecimento do elemento salmão nesse sonho. A açougueira tinha uma amiga, a seus olhos bastante magra, cujo prato predileto era salmão. Seu marido, ainda que mais atraído pelas mulheres mais cheinhas, demonstrava-se atraído por essa moça, que, por sua vez, queria engordar, e inclusive havia pedido à açougueira que a convidasse mais para jantar, já que eles comiam muito bem em casa.

Essa percepção da direção do desejo do marido é o ponto chave da dinâmica do desejo no sonho. Razão pela qual ela, identificada simultaneamente com a amiga e o marido, tenta desvelar o segredo do desejo. Por um lado, identificada com a amiga, busca ser amada pelo marido. Por outro, identificada com o desejo do marido pela amiga, revela um desejo insatisfeito, dado que, preferindo mulheres mais gordas, como o açougueiro se satisfaria com a magra? A questão é que, na verdade, o desejo de alguma coisa revela-se no sonho como algo que se substitui ao ser do sujeito. Isso faz com que o sujeito se perca na busca disso que, colocando-se sempre como inacessível, confirma a indestrutibilidade do desejo. Nessa dinâmica, o desejo se afirma pela própria atividade de desejar e faz-se combustível para a vitalidade do psiquismo. O que é visado pelo desejo é muito menos sua satisfação do que seu reconhecimento enquanto tal, e isso se revela na sabedoria do poema de Mário Quintana:

Só o desejo inquieto e que não passa
Faz o encanto da coisa desejada
E terminamos por desdenhar a caça
Pela louca aventura da caçada.

Assim, se em sonho o desejo da açougueira de dar o jantar deve não se realizar, não é para contrariar o desejo da amiga, mas para mantê-lo como desejo insatisfeito, sustentando por esse viés seu próprio desejo, num processo de identificação histérica. O binômio caviar-salmão evidencia a equivalência do desejo que está em jogo, revelam-se significantes da falta de objeto enquanto tal na atividade desejante. Não é a pessoa da amiga que é visada nessa identificação, mas a existência de uma *comunidade sexual* com ela, como apresenta Freud, ou seja, uma posição comum das duas frente ao desejo do açougueiro. Mas como essa outra pode ser amada por ele se pela sua magreza não o satisfaria? Aparece aí a bissexuação própria da histérica. Por um lado, alinhando-se à amiga, tenta captar-lhe esse "quê" de feminino que sensibiliza o marido; por outro lado, alinhando-se a uma posição que é masculina, ou seja, pondo-se no lugar do marido, identificando-se com seu desejo, quer saber por que o marido ama a amiga. Isso porque ela gostaria que ele a amasse tal como ama a amiga em questão.

Essa dinâmica histérica que inflaciona a insatisfação presente em todos os humanos encontra sua expressão máxima na anorexia, em que, para fazer valer o desejo sobre a necessidade, muitas vezes respondendo a um cuidante que insiste em compensar com comida sua impotência em manifestar amor, o anoréxico, subvertendo a função fisiológica da alimentação, erotiza ao máximo a atividade alimentar, comendo "um nada", que é absolutamente precioso para a preservação da função desejante. Defende-se, desse modo, de reduzir-se a "coisa biológica", que come, dorme e defeca. Esse nada comido vorazmente tem um efeito siderante na fantasia da histérica, porque é a ele que ela arrisca reduzir-se quando tenta se tomar pelo desejo do Outro, para além de sua demanda, a qual insiste em tentar lhe fazer comer. Dessa forma, a histérica é aquela que contracena com o nada, com a privação, com a vacuidade, tomando-se facilmente por esse vazio que sempre deixa a desejar, estratégia pela qual, curiosamente, preserva o próprio desejo, sua possibilidade de manter-se desejante.

Para concluir deixando desejar

Ao não olhar a histeria como um defeito ou uma degeneração, ao vê-la como uma modalidade de defesa que se articula ao estilo do sujeito, Freud a aborda em sua positividade. Digo estilo não no sentido de uma escolha supérflua, mas na direção de uma marca real, como que cunhada pelo estilete que grafou seus fundamentos. Nosso autor não nega as dificuldades e o sofrimento que a fixação e a intensificação de tal defesa podem trazer, e até por isso dispõe-se a clinicar, debruçando-se sobre seu tratamento, porém sem a pretensão de extirpá-la como a um tumor ou a uma má-formação qualquer. Até porque se ela é uma manifestação subjetiva, extirpá-la seria suprimir o próprio sujeito, o que é um contrassenso.

Podemos dizer que a histeria é o teatro da subjetividade. Razão pela qual Antonio Quinet, psicanalista e dramaturgo brasileiro, propôs sua "operistérica" com a criação da peça *A lição de Charcot*. Essa perspectiva nos leva a pensar a histeria como fundamento da construção subjetiva, que tem necessariamente seu eixo na ênfase da relação com o Outro. É isso que faz com que o Outro funcione como a *morada* do sujeito, tal como o público, o espectador, é a morada do artista. O que esse último coloca em cena não é senão um discurso que também não é seu, mas do Outro, o autor.

Entretanto, cada artista apropria-se desse discurso ao seu modo, "maneiristicamente", e será a singularidade de cada apropriação que indicará ao mesmo tempo a emergência de uma subjetividade e a inconsistência do Outro, que, no fim das contas, não resta a não ser como mito de origem e lugar de endereçamento. Pontos extremos de um percurso no qual, em último termo, todos estamos sós.

A histeria, em seu teatro, dá visibilidade a essa condição radical da nossa humanidade. Sublinha seu aspecto tragicômico, amplifica, carrega nas tintas da dramaticidade de nossa experiência humana. Clama por refletores em sua direção. Exibe a dor e a delícia do funesto destino de sermos humanos.

A histeria pode ser tomada como a caricatura da função do artifício na dinâmica de nossa humanidade. E sobre isso muito podemos aprender com os cerimoniais e os ritos. Lembro-me da descrição feita por Lévi-Strauss em *Tristes trópicos* acerca do processo de luto dos índios da tribo bororo. Uma morte na tribo deflagra todo um complexo processo que inclui a todos, em diferentes funções, na composição da cena que fará a passagem da crueza da natureza para o artifício da cultura.

A morte, tomada como um fenômeno natural, é anticultural e traz dor, provocando até mesmo uma vingança contra a natureza. Por isso, há aqueles na tribo que têm a função de atacar a natureza caçando, de preferência, um animal bem grande, que será comido na cerimônia fúnebre, que dura vários dias. A dança e o canto que começam com a expressão coletiva da dor passam por diversos estágios, até que se possa começar a brincar com o morto, de modo a obter dele o direito de se continuar vivendo. O que faz com que depois de alguns dias a cerimônia fúnebre transforme-se em festa.

É interessante verificar a forma histriônica como esse processo de luto se dá, de modo a perceber que o drama só pode ser ultrapassado se, pela via do acolhimento da dimensão das intensidades da vida, de sua tragédia, pudermos nos apropriar de sua força, até fazer dela comédia.

Parece que manifestações culturais como essa dão expressão a certa vocação histérica de nossa humanidade que por certas perspectivas culturais não precisam ganhar o destino de modalidade defensiva singular a um sujeito.

Talvez a chamada sereno-jovialidade grega, apontada por Nietzsche como a característica da cultura clássica que inspirou a invenção do teatro com as tragédias, tenha sido a estratégia que os gregos antigos criaram para dar expressão artística a essa sede de intensidades e a essa fome de visibilidade, das quais se padece na sintomatologia histérica que não tem a sorte de encontrar esse destino artístico trágico. Essa capacidade de transfigurar o horror em algo intensamente belo possivelmente é a razão pela qual essa cultura despertou e ainda desperta uma profunda admiração pelo que produziu na Antiguidade e pelo que inspira até hoje.

Se o teatro é certa duplicação da vida, ou seja, apresentação da vida em seu duplo, ou elevada a uma segunda potência, como se diz na matemática, a arte trágica seria esse empreendimento especificamente destinado a focalizar a vocação histérica da condição humana, na qual fica sublinhado com cores vivas seu endereçamento ao Outro.

Freud, convocado como esse Outro, interpelado como um mestre do saber, tal como ocorre com todo médico, na medida em que é solicitado a responder sobre o que temos, teve a perspicácia de não se deixar pegar pela cilada de uma sede tresloucada de um saber comprometido com a exigência de generalização e objetividade científica, muito em voga em sua época. E, mais do que isso, tomou essa interpelação como expressão de um desejo de saber em torno do qual edificou o trabalho que se dá no processo analítico. Fez isso não por um gosto pessoal, mas por estar comprometido com um posicionamento ético em sua relação ao saber, que não nega os evidentes limites impostos pelo real.

Esse endereçamento a alguém a quem se supõe um saber sobre a verdade é o que na leitura que Lacan faz da obra freudiana será considerado o pivô em torno do qual gira a transferência no processo analítico, dela depreendendo-se como efeito o amor a quem se supõe saber. Obviamente não se supõe que o analista saiba, *a priori*, sobre ninguém, mas o que se supõe que ele saiba é que isso que o sujeito apresenta, sendo considerado bobagem ou maluquice em qualquer outra área, não é destituído de significação, portanto merece ser considerado porque há saber aí. E se há saber é porque há sujeito e há o que saber sobre ele. Ainda que o analista não saiba precisamente o que é que há para se saber. O amor aí comparece em sua íntima relação com o saber, revirando a cegueira que tão comumente lhe é atribuída.

Defendemos a ideia de que a psicanálise, já denominada cura pelo amor, tomando em consideração a transferência, não poderia mesmo ter sido inventada senão nesses tempos de inflação libidinal. Tempos contemporâneos, que, malgrado todas as mudanças do mundo de Freud até hoje, não alterou a intensidade do apelo a que o amor e a sexualidade nos salvem do desamparo de sermos humanos. Pensamos que a psicanálise vem ressaltar a estrutura histérica do psiquismo e engendrar pelo discurso o lugar de uma economia histérica que ganha ainda mais espaço na Idade Contemporânea.

Como vimos anteriormente, Freud, já em seus estudos pré-psicanalíticos, ao recusar a ideia de um inatismo na histeria, dá a ela uma explicação econômica que, embora venha a se complexificar, jamais será abandonada. A histeria seria decorrente de um "a mais" de excitação que não encontrou outra via de escoamento senão o sintoma conversivo, transformação de uma excitação psíquica em excitação somática. Nessa perspectiva é a teoria do trauma que está vigorando, ou seja, a emergência no psiquismo de uma representação que engendraria um afeto intolerável e que traria como consequência, de um lado, o recalcamento da representação e, de outro, a conversão do afeto dela desprendido em sintoma somático.

Conforme mencionamos, apesar de Freud ter percebido logo que o trauma de que se tratava não era decorrente de uma contingência factual de sedução concreta ou algo que o valesse, como havia pensado primeiramente, não abandonou o aspecto econômico dessa teoria. Ele a sofisticou, introduzindo nela a função da fantasia. Pode-se pensar que o que é traumático é a confrontação com o desamparo radical do animal humano que, buscando se encontrar, se perde no campo da linguagem, na fenda que se abre entre a natureza e a cultura. Isso justifica a criação do neologismo *troumatisme*, maneira pela qual Lacan insere a palavra buraco, *trou*, no termo *traumatisme*.

Tal desamparo é reificado pela evidência da diferença entre os sexos, que cinde e condena o sujeito à parcialidade, a só ser "Um" em relação ao "Outro", polo intangível da absoluta alteridade, o que faz com que o sujeito não seja senão mais ou menos "Um", minando qualquer chance de constituir-se como uma potência absoluta. Isso de modo algum deve ser tomado como um demérito na visão psicanalítica do sujeito, até porque a parcialidade, a fragilidade nesse contexto é força. Diz respeito ao furo que possibilita o engate do sujeito ao Outro para fazer funcionar a corrente humana. Não se trata, portanto, de uma questão de impotência, mas da impossibilidade de sermos senhores da plena turgescência vital. Essa plenitude referida ao "falos", figurado na imagem do pênis ereto, ou do que venha representá-lo, funcionava como símbolo da fertilidade na Antiguidade grega, indicando a vida sem intervenção da morte.

Queixosos de um "a menos" de falos, vivemos a dimensão traumática da castração e a divisão radical enquanto sujeitos da linguagem. Exilados da Coisa que nos faria plenos, deixamo-nos fisgar pelos objetos que a sugerem e que, por isso mesmo, atuam como objetos que causam nosso desejo. A fantasia, sobretudo aquela denominada por Freud como fantasia fundamental, com a qual vestimos nosso Eu, até para podermos reconhecê-lo de algum modo, nos protege de nos havermos com a dimensão real da perda do objeto. Ela exprime a divisão do sujeito frente à conjunção e disjunção com o objeto perdido, que, justamente por ser perdido, nos coloca em busca e nos suscita desejo.

O desejo, primeiro motor do psiquismo, marco inaugural de toda atividade por ele engendrada, parte na caça desse objeto que enquanto perdido jamais pode ser encontrado, senão reencontrado pelas pistas da fantasia fundamental, trazendo como resultado a eterna defasagem entre a satisfação esperada e a encontrada. Mas garantindo com essa defasagem a manutenção da atividade desejante que só tira do objeto sua causa, não seu fim.

Essa condição radical do objeto de ser sempre o que vem no lugar de outra Coisa, de causar desejo por ornar-se de brilho fálico, insinuando-se como meio de acesso a um gozo "a mais", foi muito bem apreendida pelo marketing. O marketing bem sabe que o objeto vale não pela satisfação que possa propiciar, mas pela que pode prometer, mostrando-se via de sua realização, sempre adiada obviamente, o que possibilita a exploração dos desdobramentos da demanda aí instalada.

Certos analistas, desviando-se do rigor freudiano, caíram por vezes na esparrela da promessa de um acoplamento perfeito e satisfatório entre sujeito e objeto. Isso se traduziu pelas teorias sobre as relações de objeto que pretendiam oferecer ajustes precisos à relação mãe-filho, homem-mulher ou o que quer que se estabeleça na ilusão de dois fazerem um. A isso Lacan opõe sua teoria da falta de objeto. Ou seja, resgata em Freud o limite imposto a *Eros* por *Tanatos*. Assim o apelo à união, ao acoplamento, à harmonização é barrado não pelas contingências do encontro ("Ah! Se eu não tivesse aquela mãe ou aquele namorado... tudo seria diferente..."), mas porque a atividade psíquica é movida por uma falta radical que é causa mesma do desejo, o que as histéricas denunciam todo o tempo. E o desejo, embora sendo em último termo desejo de morte, desejo de matar o desejo, prolonga a vida no desvio de se fazer desejo do desejo do Outro, conforme propõe a formulação lacaniana.

A psicanálise é inventada em resposta à demanda que emerge superinvestindo o objeto, em que se busca em vão apreender o desejo nesse contexto contemporâneo de inflação libidinal. Tal inflação, literalmente, toma corpo na histérica que se deixa fisgar pelo que se lhe apresenta como desejo do Outro, mais do que isso, desejo do desejo do Outro, como dito acima. No enigma de "Ser", ela busca alojar seu ser no corpo tornado objeto para servir ao Outro, a fim de capturar-lhe o desejo e eliminar com isso a própria alteridade. Ela substitui o desejar pelo ter de agradar, defendendo-se, assim, do trauma do buraco irremediável entre o sujeito e o Outro. Malgrado a singularidade pela qual isso se apresenta na histeria, pode-se ver aí a revelação da natureza geral do desejo: fisgar o desejo do Outro. Esse desejo a histérica o encarna, o dramatiza; se faz porta-voz dele e o exibe como pode, sobretudo via seus sintomas.

Jane, uma analisanda, ilustra bem esse quadro. Ela veio procurar análise depois de ter tentado ajuda em inúmeras terapias, por causa de um "pânico da morte" pelo qual ela sentia-se, por vezes, "tomada". Achava que poderia enlouquecer ou enfartar e nesses momentos apalpava o próprio corpo, sobretudo para sentir a própria pulsação, e assim confirmar que continuava viva.

Aqui cabe a observação: em tempos de primazia da libido, portanto de apologia do objeto, não é ao acaso que a dita doença do pânico tome a cena, assim como tantos outros transtornos que poderiam ser denominados como relativos às relações de objetos. Nesse rol podemos incluir tanto a anorexia e a obesidade quanto as toxicomanias, o alcoolismo, a chamada síndrome do pânico. Em seu parentesco próximo com a fobia, essa última revela-se sinal de alarme frente à angústia da confrontação não propriamente com um objeto, mas com a falta do Outro enquanto mediador, falta essa que o objeto fóbico vem recobrir, funcionando como recurso para delimitação do mundo no qual o sujeito arrisca perder-se.

O objeto que falta, matriz da busca desejante, perdido no real da causação humana, Jane tenta reencontrá-lo na objetivação do próprio corpo, que na iminência da morte confirma-se vivo. No enigma de ser, ela tem em seu corpo/objeto uma restituição fálica, uma reafirmação de sua potência vital, uma resposta, um gozo, satisfação paradoxal.

No encaminhar do trabalho analítico, quando sustentada na transferência, se arrisca a abrir mão da defesa do sintoma, nostálgica comenta referindo-se a ele e atestando o gozo nele produzido: "No meu sintoma eu era plena, ele era algo que me tomava por inteiro, em absoluto, e agora o que eu vou ser?"

A profusão de sentido operada pelo acionamento do dispositivo da fala na análise ("isso acontece porque meu pai...", "é que quando eu era pequeno aconteceu..."), isso que denomino como esgarçamento do sentido, efeito frequente no início de uma análise, efetua-se para que esse sentido, ampliando-se desmesuradamente, venha a se desfiar, revelando o não-senso que ele vem acobertar. Essa é a dimensão trágica da análise que opera na direção de uma certa queda da função do Pai, que é o fiador do mundo simbólico — mundo do sentido no qual o sujeito ancora sua identificação subjetiva, para o seu melhor e para o seu pior.

É nessa perspectiva que a análise visa a que o sujeito venha a poder ultrapassar o Pai, no sentido de ir além dele. Entretanto, esse é um ponto problemático quanto ao limite do que se pode esperar de uma análise, já que para o próprio Freud configura-se aí um obstáculo um tanto quanto intransponível. Afinal, abrir mão de uma prevalência da identificação fálica é um risco que muito poucos enfrentam. Nesse ponto temos uma diferenciação bastante nítida entre a proposta freudiana e o que dela Lacan conseguiu avançar, dado que, segundo esse último, se houve a possibilidade de se fazer bom uso da função do Pai, se pode até prescindir dela, no sentido de ultrapassá-la. Ou seja, se pode esperar ir além do imperativo fálico e, nesse sentido, encaminhar-se à abordagem da falta que nele vigora, aproximando-se dessa forma da dimensão feminina que concerne ao que se encontra para aquém e para além da função do Pai. O que faz com que possamos pensar que toda análise, quer de homens ou de mulheres, conduz a um certo encontro com o feminino que há em todos nós.

Para melhor entendermos isso, voltemos ao nosso exemplo clínico. Se tomarmos em consideração que o sintoma funciona como a metáfora do resgate do Pai para o sujeito que não pôde servir-se dele, dado que esse se mostrou insuficiente em sua função de fiador do mundo simbólico — sustentáculo do sentido que desalienaria o sujeito da mãe-Natureza —, veremos o quanto isso é válido tanto para a histeria quanto para qualquer que seja a escolha da neurose. No caso de Jane, essa relação entre o sintoma e a função do Pai aparece de maneira evidente em um ato falho. Querendo referir-se ao fato de haver perdido seu pai, o único que a teria amado, ainda quando era bebê, confunde-se e diz acertadamente: "Quando eu morri, meu pai nasceu." Eis a equação pela qual ela se oferece em sacrifício para restituir a potência a esse pai. O sintoma "pânico da morte" revela-se expressão do conflito entre fazer renascer o pai em sua potência, pai esse designado por sua mãe como "porra podre", e o custo de aí perder-se como sujeito, já que, para isso, tem de tombar como objeto destinado a obturar a falta no Outro. Ou seja, no caso, ser sujeito implica paradoxalmente defender-se fazendo-se de objeto, funcionando como um bastião que tenta salvaguardar o pai decaído.

O desejo não se confunde nem com a demanda de amor que tenta veiculá-lo nem com a satisfação da necessidade. Ele é desejo insatisfeito não apenas para a histérica, dado que sua falta constitutiva está articulada a uma demanda no lugar do Outro. Se expressa como articulação significante da falta do objeto enquanto tal, falta da plena potência vital, falta de seu significante — o falos.

Na histeria o sintoma aparece como castração real demandada supostamente pelo Outro e nisso vigora a ideia de aí se alojar uma fantasia própria da mulher. A feminilidade aparece para a histérica como um sacrifício que exige que ela se ofereça como dádiva ao desejo do Outro consagrado. Isso é a fonte da ideia de possessão por um desejo totalizante no apelo a um "a mais" de gozo suficiente para abolir toda e qualquer fronteira em relação à alteridade. Um gozo que sobrepujasse o sexual, o seccionado, o partido. A histérica tem sede do Absoluto, como estratégia para suplantar sua própria divisão.

É verdade, Foucault tinha razão quando evidenciava a primazia do sexual no campo da psicanálise e a acusava de remeter o sexual ao leito dos pais. Entretanto, cabe ressaltar que esse é apenas o ponto de partida da psicanálise, não seu ponto de visada. No mais além do sexual Freud encontra a outra face do desejo, sua face oculta: a morte. Ou seja, o estancamento de toda busca desejante — expressão silenciosa de uma das tendências do psiquismo. O que faz com que, no que se refere à psicanálise, se tenha de lidar com uma ética alheia às até então vigentes, até porque se tem de considerar que não somos apenas movidos pelo prazer e pelo bem-estar.

O princípio do Bem, seja ele qual for, fundado no campo das éticas filosóficas, afeito a um ideal, mostra-se insuficiente para reger nossas ações psíquicas. Ou seja, nosso psiquismo não opera apenas na direção dos Bens. Por isso, enquanto analistas, temos de considerar o que se encontra mais além do princípio do Bem, até porque temos de lidar com o que lhe faz impasse. Assim, nossa intervenção clínica não visa ao campo dos bens ideais, encontra-se mais afeita ao endereçamento ao real. Ou seja, a confrontação com o impossível e, simultaneamente, com o que se pode fazer com isso. Saber fazer com o real, operar contando com ele, eis o desafio. Disso Freud nos fala magnificamente no *Mal-estar na civilização*, texto no qual Lacan se baseia para sistematizar uma ética da psicanálise.

Nossa ética não deve se orientar por um ideal, mas pelo real. O real se evidencia pelo que nos foge ao controle, se evidencia pela impossibilidade de obturação da fenda imposta ao sujeito por seu remetimento ao Outro, à alteridade, formulada por Lacan como impossibilidade da relação sexual, impossibilidade de ajuste perfeito entre os sexos. Assim, embora passemos pelo leito dos pais, na perspectiva da psicanálise não é aí que ficamos; essa operação deixa um resto inassimilável por qualquer conjugação, apesar de todos os ecos dos apelos histéricos às relações de objeto.

Dessa impossibilidade da relação sexual, tanto as histéricas quanto o "espírito" de nossa época bem o sabem, embora sem querer saber. Nesse império do gozo *prêt-à-porter*, o que acaba por evidenciar-se, malgrado todas as máscaras, é a tragédia sem arte que desnuda a insuficiência de qualquer objeto que seja para sanar a dor e a delícia de sermos humanos. Mas discutirmos a contemporaneidade já abre uma outra questão que ficará para um próximo momento. Por ora, ficamos a desejar. Aliás, como nos cabe, sempre, histéricos que somos enquanto humanos.

BIBLIOGRAFIA

ANDRÉ, Serge. *O que quer uma mulher*. Rio de Janeiro: Jorge Zahar, 1987.

BAUDELAIRE, Charles. *Sobre a modernidade*. São Paulo: Paz e Terra, 1997.

D'ORS, Eugenio. *Du Barroque*. Paris, Gallimard, 1968.

DUBOIS, Claude-Gilbert. *Le baroque, profondeur et apparence*. Bordeaux: Presses Universitaires de Bordeaux, 1993.

FOUCAULT, Michel. *Histoire de la Sexualité,* La Volonté de Savoir. Paris: Gallimard, 1976.

FREUD, Sigmund. "Fragmentos de la correspondencia con Fliess" (1892-99). *In:* _____. *Obras Completas*. I. v. Buenos Aires: Amorrortu, 1988.

_____. "Sobre el mecanismo psíquico de fenómenos histéricos" (1893). *In:* _____. *Obras Completas*. II. v. Buenos Aires: Amorrortu, 1988.

_____ "Las neuropsicoses de defensa" (1894). *In:* _____. *Obras Completas*. III. v. Buenos Aires: Amorrortu, 1988.

_____. "Proyecto de psicología" (1985). *In:* _____. *Obras Completas*. I. v. Buenos Aires: Amorrortu, 1988.

_____. "Estudios sobre la histeria" (1983-1895). *In:* _____. *Obras Completas*. II. v. Buenos Aires: Amorrortu, 1988.

_____. "La etiologia de la histeria" (1896). *In:* _____. *Obras Completas*. III. v. Buenos Aires: Amorrortu, 1988.

_____. "La interpretación de los sueños" (1900). *In:* _____. *Obras Completas*. V. v. Buenos Aires: Amorrortu, 1988.

_____. "Fragmento de análisis de un caso de histeria" (1905). *In:* _____. *Obras Completas*. VII. v. Buenos Aires: Amorrortu, 1988.

_____. "Tres ensayos de teoría sexual" (1905). *In:* _____. *Obras Completas*. VII. v. Buenos Aires: Amorrortu, 1988.

_____. "El creador literario y el fantaseo" (1908). *In:* _____. *Obras Completas*. IX. v. Buenos Aires: Amorrortu, 1988.

_____. "Las fantasias histéricas y su relación con la bisexualidad" (1908). *In:* _____. *Obras Completas*. IX. v. Buenos Aires: Amorrortu, 1988.

_____. "Sobre el sentido antitético de las palabras primitivas" (1910). *In:* _____. *Obras Completas*. IX. v. Buenos Aires: Amorrortu, 1988.

_____. "Formulaciones sobre los dos princípios del acaecer psíquico" (1911). *In:* _____. *Obras Completas*. XII. v. Buenos Aires: Amorrortu, 1988.

_____. "Puntualizaciones psicoanalíticas sobre un caso de paranoia descrito autobiográficamente" (1911). *In:* _____. *Obras Completas*. XII. v. Buenos Aires: Amorrortu, 1988.

_____. "Sobre la más generalizada degradación de la vida amorosa" (1912). *In:* _____. *Obras Completas*. XI. v. Buenos Aires: Amorrortu, 1988.

_____. "Sobre la dinámica de la transferencia" (1912). *In:* _____. "*Obras Completas*. XII. v. Buenos Aires: Amorrortu", 1988.

_____. "Introducción del narcisismo" (1914). *In:* _____. *Obras Completas*. XIV. v. Buenos Aires: Amorrortu, 1988.

_____. "Puntualizaciones sobre el amor de transferencia" (1915). *In:* _____. *Obras Completas*. XII. v. Buenos Aires: Amorrortu, 1988.

_____. "Pulsiones y destinos de pulsión" (1915). *In:* _____. *Obras Completas*. XIV. v. Buenos Aires: Amorrortu, 1988.

_____. "Lo Inconciente" (1915). *In:* _____. *Obras Completas*. XIV. v. Buenos Aires: Amorrortu, 1988.

_____. "25ª Conferencia. La angustia" (1917). *In:* _____. *Obras Completas*. XVI. v. Buenos Aires: Amorrortu, 1988.

_____. "Más allá del princípio de placer" (1920). *In:* _____. *Obras Completas*. XVIII. v. Buenos Aires: Amorrortu, 1988.

_____. "Psicoanálisis y teoría de la libido" (1923). *In:* _____. *Obras Completas*. XVIII. v. Buenos Aires: Amorrortu, 1988.

_____. "El sepultamiento del complejo de Édipo" (1924). *In:* _____. *Obras Completas*. XIX. v. Buenos Aires: Amorrortu, 1988.

_____. "El problema económico del masoquismo" (1924). *In:* _____. *Obras Completas*. XIX. v. Buenos Aires: Amorrortu, 1988.

_____. "Algunas consecuencias psíquicas de la diferencia anatómica entre los sexos" (1925). *In:* _____. *Obras Completas*. XIX. v. Buenos Aires: Amorrortu, 1988.

_____. "El malestar en la cultura" (1929). *In:* _____. *Obras Completas*. XXI. v. Buenos Aires: Amorrortu, 1988.

_____. "Sobre la sexualidad feminina" (1931). *In:* _____. *Obras Completas*. XXI. v. Buenos Aires: Amorrortu, 1988.

_____. "Moisés y la religión monoteísta" (1934-39). In: __. *Obras Completas*. XXIII. v. Buenos Aires: Amorrortu, 1988.

JONES, Ernest. *Vida e obra de Sigmund Freud*. Rio de Janeiro: Zahar, 1979.

LACAN, Jacques. La Psychanalyse et son enseignement (1957). *In: Ecrits*. Paris: Editions du Seuil, 1966.

_____. *As relações de objeto*. Rio de Janeiro: Jorge Zahar, 1995.

_____. *A ética da Psicanálise*. Rio de Janeiro: Jorge Zahar, 1988.

_____. *Mais ainda*. Rio de Janeiro: Jorge Zahar, 1982.

MAURANO, Denise. *Nau do desejo*. Rio de Janeiro: Relume Dumará, 1995.

_____. *A face oculta do amor*: a Tragédia à luz da Psicanálise. Rio de Janeiro: Imago, Editora UFJF, 2001.

MILLOT, Catherine. *Nobodaddy* — L'hystérie dans le siècle. Paris: Point Hors Ligne, 1988.

NIETZSCHE, Friedrich. *O nascimento da tragédia*. São Paulo: Companhia. das Letras, 1992.

PERCURSO PSICANALÍTICO DE BRASÍLIA. *Feminilidade e histeria*. Primeira Jornada de Trabalhos do Percurso Psicanalítico de Brasília. Novembro.2002.

POLLO, Vera. *Mulheres histéricas*. Rio de Janeiro: Contra Capa Livraria. 2003.

QUINET, Antônio. *A lição de Charcot*. Rio de Janeiro: Jorge Zahar, 2005.

QUINTANA, Mário. *Caderno H*. Porto Alegre: Globo, 1983.

ROUDINESCO, Elisabeth; PLON, Michel. *Dicionário de Psicanálise*. Rio de Janeiro: Jorge Zahar, 1998.

SAFOUAN, Moustapha. *Le structuralisme en psychanalyse*. Paris: Editions du Seuil, 1968

SCHORSKE, Carl E. *De Vienne et d'ailleurs:* figures culturelles de la modernité. Paris: Fayard, 2000.

_____. *Vienne fin de siècle*: política e cultura. São Paulo; Campinas: Companhia das Letras; Editora da UNICAMP, 1989.

STRAUSS, Lévi. *Tristes Trópicos*. São Paulo: Companhia das Letras, 1996.

TRILLAT, Etienne. *História da histeria*. São Paulo: Escuta, 1991.

WEDEKIND, Frank. *Le réveil du printemps*. Paris: Gallimard, 1974.

ZALCBERG, Malvine. *Amor paixão feminina*. Rio de Janeiro: Elsevier, 2007.

CRONOLOGIA DE SIGMUND FREUD*

1856 — Sigmund Freud nasce em Freiberg, antiga Morávia (hoje na República Tcheca), em 6 de maio.
1860 — A família Freud se estabelece em Viena.
1865 — Ingressa no Leopoldstädter Gymnasium.
1873 — Ingressa na faculdade de medicina em Viena.
1877 — Inicia pesquisas em neurologia e fisiologia. Primeiras publicações (sobre os caracteres sexuais das enguias).
1881 — Recebe o título de Doutor em medicina.
1882 — Noivado com Martha Bernays.
1882-5 — Residência médica no Hospital Geral de Viena.
1885-6 — De outubro de 85 a março de 86, passa uma temporada em Paris, estagiando com Charcot no hospital Salpêtrière, período em que começa a se interessar pelas neuroses.
1884-7 — Dedica-se a estudos sobre as propriedades clínicas da cocaína, envolve-se em polêmicas a respeito dos efeitos da droga.
1886 — Casa-se com Martha Bernays, que se tornará mãe de seus seis filhos.
1886-90 — Exerce a medicina como especialista em "doenças nervosas".

---

* Os títulos assinalados em negrito marcam os livros que integram a coleção Para ler Freud.

1892-5 — Realiza as primeiras pesquisas sobre a sexualidade e as neuroses; mantém intensa correspondência com o otorrinolaringologista Wilhelm Fliess.

1895 — Publica **Estudos sobre a histeria** e redige **Projeto de psicologia para neurólogos**, que só será publicado cerca de cinquenta anos depois.

1896 — Em 23 de outubro, falece seu pai, Jakob Freud, aos oitenta anos de idade.

1897-9 — Autoanálise sistemática; redação de **Interpretação dos sonhos**.

1899 — Em 15 de novembro, publicação de *Interpretação dos sonhos*, com data de 1900.

1901 — Em setembro, primeira viagem a Roma.

1902 — Fundação da "Sociedade Psicológica das Quartas-feiras" (que em 1908 será rebatizada de Sociedade Psicanalítica de Viena). Nomeado Professor Titular em caráter extraordinário da Universidade de Viena; rompimento com W. Fliess.

1903 — Paul Federn e Wilhelm Stekel começam a praticar a psicanálise.

1904 — **Psicopatologia da vida cotidiana** é publicada em forma de livro.

1905 — Publica *Três ensaios sobre a teoria da sexualidade*, *O caso Dora*, *O chiste e sua relação com o inconsciente*. Edward Hitschmann, Ernest Jones e August Stärcke começam a praticar a psicanálise.

1906 — C. G. Jung inicia a correspondência com Freud.

1907-8 — Conhece Max Eitingon, Jung, Karl Abraham, Sándor Ferenczi, Ernest Jones e Otto Rank.

1907 — Jung funda a Sociedade Freud em Zurique.

1908 — Primeiro Congresso Psicanalítico Internacional (Salzburgo). Freud destrói sua correspondência. Karl Abraham funda a Sociedade de Berlim.

1909 — Viagem aos Estados Unidos, para a realização de conferências na Clark University. Lá encontra Stanley Hall, William James e J. J. Putman. Publica os casos clínicos *O homem dos ratos* e **O pequeno Hans**.

1910 — Congresso de Nurembergue. Fundação da Associação Psicanalítica Internacional. Em maio, Freud é designado Membro Honorário da Associação Psicopatológica Americana. Em outubro, funda o *Zentralblatt für Psychoanalyse*.

1911 — Em fevereiro, A. A. Brill funda a Sociedade de Nova York. Em maio, Ernest Jones funda a Associação Psicanalítica Americana. Em junho, Alfred Adler afasta-se da Sociedade de Viena. Em setembro, realização do Congresso de Weimar.

1912 — Em janeiro, Freud funda a revista *Imago*. Em outubro, Wilhelm Stekel se afasta da Sociedade de Viena.

1912-14 — Redige e publica vários artigos sobre técnica psicanalítica.

1913 — Publica **Totem e Tabu.**

1913 — Em janeiro, Freud funda a *Zeitschrift für Psychoanalyse*. Em maio, Sándor Ferenczi funda a Sociedade de Budapeste. Em setembro, Congresso de Munique. Em outubro, Jung corta relações com Freud. Ernest Jones funda a Sociedade de Londres.

1914 — Publica **Introdução ao narcisismo**, *História do Movimento Psicanalítico* e redige o caso clínico *O homem dos lobos*. Em abril, Jung renuncia à presidência da Associação Internacional. Em agosto, Jung deixa de ser membro da Associação Internacional.

1915 — Escreve o conjunto de artigos da chamada Metapsicologia, nos quais se inclui **As pulsões e seus destinos**, **Luto e melancolia** (publicado em 1917) e **O inconsciente**.

1916-17 — Publicação de *Conferências de introdução à Psicanálise*, últimas pronunciadas na Universidade de Viena.

1917 — Georg Grodeck ingressa no movimento psicanalítico.

1918 — Em setembro, Congresso de Budapeste.

1920 — Publica **Além do princípio do prazer**, onde introduz os conceitos de "pulsão de morte" e "compulsão à repetição"; início do reconhecimento mundial.

1921 — Publica *Psicologia das massas e análise do Ego*.

1922 — Congresso em Berlim.

1923 — Publica *O Ego e o Id*; descoberta de um câncer na mandíbula e primeira das inúmeras operações que sofreu até 1939.

1924 — Rank e Ferenczi manifestam divergências em relação à técnica analítica.

1925 — Publica *Autobiografia* e *Algumas consequências psíquicas da diferença anatômica entre os sexos*.

1926 — Publica *Inibição, sintoma e angústia* e *A questão da análise leiga*.

1927 — Publica **Fetichismo** e *O futuro de uma ilusão*.

1930 — Publica **O mal-estar na civilização**; entrega do único prêmio recebido por Freud, o prêmio Goethe de Literatura, pelas qualidades estilísticas de sua obra. Morre sua mãe.

1933 — Publica *Novas conferências de introdução à Psicanálise*. Correspondência com Einstein publicada sob o título de *Por que a guerra?* Os livros de Freud são queimados publicamente pelos nazistas em Berlim.

1934 — Em fevereiro, instalação do regime fascista na Áustria, inicia o texto *Moisés e o monoteísmo*, cuja redação e publicação continuam até 1938/39.

1935 — Freud é eleito membro honorário da British Royal Society of Medicine.

1937 — Publica *Construções em análise* e *Análise terminável ou interminável*.

1938 — Invasão da Áustria pelas tropas de Hitler. Sua filha Anna é detida e interrogada pela Gestapo. Partida para Londres, onde Freud é recebido com grandes honras.

1939 — Em 23 de setembro, morte de Freud, que deixa inacabado o *Esboço de psicanálise*; seu corpo é cremado e as cinzas colocadas numa urna conservada no cemitério judaico de Golders Green.

Este livro foi composto na tipografia
Berkeley, em corpo 11/14,5, e impresso em
papel off-white no Sistema Digital Instant Duplex
da Divisão Gráfica da Distribuidora Record.